La danza del eucalipto
ELKIN ECHEVERRI

Managing Editors: F. P. Sanfiel and Manuel Alemán
Designer: Tina Conti
Published in the United States by CBH Books.
CBH Books is a division of Cambridge BrickHouse, Inc.

Cambridge BrickHouse, Inc.
855 Turnpike Street, Suite 237
North Andover, MA 01845
U.S.A.

Library of Congress Control Number: 2018965539
ISBN 978-1-59835-476-8
First Edition
Printed in USA
10 9 8 7 6 5 4 3 2 1

4

A Fernanda,
sonrisa de Dios

Índice

CAPÍTULO UNO

En esta tarde gris, en la que contemplo su rostro a través del cristal del ataúd, considero que es el momento de confesar que fui yo quien lo asesinó o, por lo menos, ayudé a que su muerte se diera de la forma más cruel y brutal que un ser humano pueda padecer. Yo ayudé a matarlo de soledad.

Proveniente de una humilde familia, cuyas raíces se funden con la sangre de los antiguos Borgia, don Eliseo era el mayor de los hijos de un campesino italiano inmigrante de la Primera Guerra Mundial, eso fue lo que siempre nos hicieron creer, y, en honor a la verdad, yo también creí esto, así como tantas otras cosas que me indujeron a pensar.

Hoy, 23 de enero de 1985, me siento en la penosa obligación de sacar todo el dolor que siente mi alma y de expresar en palabras lo que jamás logré hacer con obras. Es cierto que han pasado muchos años y se han cometido injusticias, pero, aunque suene a disculpa, y doy fe de que así es, siempre procuré ver las cosas acaecidas en aquella casa y en aquella familia como situaciones obligadas de un destino ajeno a mis designios. Yo solo me dedicaba a observar y a obedecer, esperando siempre que la justicia divina obrara, ya que la terrena se tardaba demasiado en aparecer por la puerta de la vieja casa, y como la divina parece que perdió la dirección, decidí intervenir yo.

No sé cuándo comenzó todo esto (¿tal vez desde mi nacimiento?), pero para mí está muy claro cuándo empecé a cavar la tumba de mis pudores y valores: fue un Viernes Santo, hace más de diez años; es más fácil para mí precisar el día, ya que los años se han convertido en fardos demasiado pesados para ser contados por mis débiles costillas. Ese día entré a trabajar bajo las órdenes del señor Eliseo.

Yo contaba con veinticinco años y unas ganas enormes de trabajar para sostener a mis padres, lo que puede leerse como un afán desmesurado de salir huyendo de las garras de mi madre. En aquella época, no era fácil vivir en un país como Colombia, que aún se debatía entre seguir llorando a sus caudillos asesinados o alabar a las grandes castas que se rifaban el poder como un postre después de una opípara cena. Tampoco lo era vivir en mi hogar.

Jamás olvidaré aquel Viernes Santo que cambió mi vida de forma irreparable. Llovía a cántaros, al parecer la "maldición de la Santa Cruz", como solían llamarla las beatas de la iglesia, se empecinaba en anegar las pocas vías transitables del sector. Luego de la procesión del vía crucis, mi madre me pidió que la acompañara a casa de don Eliseo, quien se ufanaba de su sangre real y prefería ser tratado con venias y adulaciones propias de un abolengo que jamás logró demostrar a carta cabal. Eso de "pedir que la acompañara" no es más que retórica de mi parte, ya que cuando mi madre hablaba, ni los regimientos celestiales, ni infernales podían darse el lujo de cuestionarla. Tan poderosa era la palabra de mi madre, que hasta mi pobre padre tenía que verse obligado a regresar a la tienda de don José, si a mi madre no le gustaba el color de los bananos que había encargado para el almuerzo.

Les decía que mi madre me llevó a casa de don Eliseo, en medio de aquel diluvio, de nada sirvió que le rogara que esperáramos a que amainara la tormenta. El cielo se caía a pedazos y aunque el infierno se congelara por ello, nadie la obligaría a quedarse en casa si ella así lo determinaba, fue todo lo que me dijo cuando me entregó el viejo paraguas para salir a realizar dicha visita.

De nada valió que mi padre le recordara que era Viernes Santo, ni que yo le suplicara que fuésemos al día siguiente. En mi ciudad, Medellín, aún se conservaban las viejas tradiciones, aún los sacerdotes tenían la última palabra y, por ser ellos los guardianes de las llaves celestiales, bien podían cerrar o abrir, a su libre albedrío, las puertas sagradas para quien se comportara adecuadamente según los preceptos de la Santa Madre Iglesia, pero mi madre, no la santa aquella de la iglesia con esa mezcla de mulata y sangre española, poseía más ímpetu en su espíritu que mi padre y yo juntos.

Mi madre contaba por aquel entonces sesenta años, pero los exhibía sin pudor, como si se tratara de noventa. Y es por lo dura que había sido la vida con ella. Proveniente de una desaparecida estirpe real, acaudalada y con mayorazgos, se vio obligada a trabajar en el servicio doméstico desde la tierna edad de diez años. Su padre, mi abuelo, que por fortuna jamás conocí, despilfarró la supuesta fortuna en licor, mujeres y parrandas.

Desde épocas inmemoriales, la sangre de mis antepasados, con su linaje español y mil apellidos adoquinados en perlas y oro, le había hecho ganar a los miembros de mi familia la reputación de ilustres comerciantes hasta que llegó la décima generación: mi abuelo, que todos se empeñaron en llamar *El Bello*, por sus finas facciones y ademanes de niño afrancesado. Él se encargaría de dar la estocada final a todo un linaje de logros y virtudes.

Mi abuelo, mozalbete de veinte años, heredó tempranamente toda la fortuna de mis ancestros. A esa edad, ya *El Bello*, se distinguía entre los más duchos y temidos tahúres del sector, era un bebedor empedernido y un rompecorazones de gran calibre. Se hicieron famosas sus peleas por mujeres y, aunque jamás aceptó un duelo por ser "contrario a la ley", según aducía, siempre fueron mayores sus hazañas como veloz cobarde, puesto que en más de una ocasión tuvo que salir literalmente volando como Dios lo trajo al mundo, antes de ser atravesado por la espada de algún incauto y cornudo marido. Prefería exponer su desnudez al sol que al acero de una buena espada o, en el peor de los casos, al de un simple machete.

Mi abuelo, *El Bello*, dejó en la más horripilante ruina a todos los hijos que pudo diseminar por las ciudades, campos y veredas. Mi madre fue el resultado de una de sus múltiples aventuras con una criada, y así, sin abolengo, sin fortuna, ni apellido, se crió mi madre en la más completa inopia: el hambre, la falta de estudio, los abusos, vejámenes y el trabajo fuerte hicieron el resto, tallando su carácter bajo fuertes cinceladas de desprecio y llanto reprimido.

Poseía mi madre ese temperamento propio de las mujeres campesinas que creen que han venido a este mundo a parir hijos, a trabajar como mulas y a saborear la hiel amarga de los fracasos y del futuro negado. Con ella no se dialogaba, se obedecía; con ella no se jugaba, se trabajaba, so pena de recibir tantos azotes en la espalda como estrellas constelan el firmamento.

Al casarse con mi padre, ella tuvo la buena visión de elegir entre sus posibles pretendientes al que le ofreciera mejores posibilidades de ser doblegado. Se contaban en ese entonces con los dedos de una mano a sus pretendientes: el hijo del panadero, que para nada le serviría, porque: ¿para qué iba a estar ella en la cama a las siete de la noche, para despertarse a las dos de la madrugada y manosear la masa de un pan que jamás disfrutaría?; el zapatero, hombre corpulento y bien parecido, quien, con su pata de palo, más se asemejaba a un intento enclenque de la naturaleza de un pirata sin barco, sin tripulación y, peor aún, sin tesoros. Quedaba, por último, quien sería mi padre: un albañil fortachón, que jamás bebía una cerveza, que frecuentaba la iglesia con regularidad franciscana y era castigado por su padre, aún siendo un hombre hecho y derecho con más fuerza que un toro, pero con el cerebro de un zancudo.

Así las cosas, la unión perfecta se produjo en la iglesia de un barrio que empezaba a plagarse de inmigrantes de los campos y veredas aledañas; el sector era conocido como "La Milagrosa". Ese día sería el que siempre mi madre recordaría con fastidio y el que mi padre procuraría olvidar con ahínco, pero sin éxito.

Mi padre había nacido en la ciudad, lo decía así, a secas. Para él no existían los barrios o sectores, para él solo era válido el nombre de Medellín, y de nada servía hacerle entender que su ciudad tenía divisiones, tanto geográficas como sociales. En cambio, el nacimiento de mi madre tuvo lugar en una lejana aldea, un minúsculo villorrio indígena en la cabecera municipal de Chigorodó, a unos trescientos kilómetros de la capital antioqueña.

Pero pobre del insensato que se atreviera a recordárselo, estaba empeñada en hacer desaparecer del inconsciente colectivo del sector su origen y sus antepasados y, como siempre, cuanto más trata el avestruz de esconder su cabeza, más protuberante se ve su descomunal cuerpo, razón por la cual mi madre se vio obligada a vivir con el lastre a cuestas de que todo el barrio la llamara *La Campesina*.

Desde el inicio le enseñó a papá que era ella la que llevaba los pantalones en casa. Años más tarde mi padre me contaba con orgullo y con una inocente sonrisa que nunca comprendí, que en la primera noche de bodas recibió su golpiza inicial por arrugar el vestido de bodas de mi madre y que en aquel momento se selló su amor por aquella mujer de color pardo.

—Yo solo pretendía colocar el traje blanco sobre una de las pocas sillas que teníamos en la habitación, tropecé con uno de los cordones de mi zapato y fui a dar con mis huesos sobre aquella pieza de museo. Así parecía el vestido de tu madre, pero fue lo único que logré conseguir por ese precio para la ocasión debido a lo reducido de mi salario —me explicó alguna vez mi padre.

Los golpes y humillaciones eran constantes, y ese carácter enclenque, debilucho y subyugado fue mi herencia.

Desde que tengo uso de memoria, mi madre nos golpeaba casi por igual, a mi padre por ser un bueno para nada y a mí por lo mismo. Mi nariz de ganzúa, mis pelos al viento, mi espalda encorvada y mi ausencia total de músculos fue la herencia que recibí; mis amigos decían que yo parecía un ánima en pena, por lo paliducho y raquítico.

Nunca tuve elementos válidos para contradecirlos. Por eso, cuando mi madre me ordenó que fuera con ella a la casa de don Eliseo, no se me ocurrió pensar en nada mejor que entregarme a los designios retorcidos de mi madre, ¿qué de malo podría pasarme?, tal vez esa fuera una buena oportunidad de no regresar al empleo de aprendiz de albañil que había heredado de mi padre. Si con ello lograba dejar de lado la posibilidad, por más remota que fuese, de encontrar una mujer que me golpeara como a mi padre, era suficiente para que fuera feliz.

Debo confesar, no en mi defensa, pero sí para sanear mi espíritu, que cuando accedí a trabajar con don Eliseo mi intención era conseguir el dinero suficiente para irme de mi casa y mitigar en algo los gastos de mi familia, constituida por una madre energúmena que no recibía ayuda del Estado, aunque sí de sus trabajos como modista, y un padre jubilado, cuya pensión de hambre no alcanzaba ni para pagar las deudas de la tienda de abarrotes de la esquina.

Si por un instante hubiera sabido lo que significaría para mí transponer las puertas de la vieja casona de don Eliseo, doy fe de que hubiese preferido sufrir el eterno suplicio de una madre longeva más allá de lo insufrible, rompiéndome el espinazo en público y soportar las mil y una humillaciones a que era sometido en mi propio hogar.

Ese Viernes Santo llegamos literalmente nadando en una sopa de agua que calaba poco a poco en nuestros huesos. Mi madre me propinó un cariñoso pellizco por no proveerla de un impermeable para salir.

—¡Qué tal la desconsideración de un hijo que obliga a salir a su pobre, anciana, raquítica y enferma madre en pleno diluvio universal! —me dijo.

Traté de convencerla de que había sido su culpa, de que había sido ella la que insistió y que si hubiese sido por mí, estaríamos cómodamente resguardados escuchando la transmisión del vía crucis desde el Vaticano, emitido y retransmitido hasta la saciedad en la única radiola que teníamos en casa, pero de nada valió mi osadía, porque debí callarme, justo cuando blandía peligrosamente su paraguas sobre mi cabeza.

Rezamos el santo rosario durante todo el trayecto, ante la

mirada burlona de medio autobús y la indiferencia del resto de los pasajeros, que nos veían como a dos arlequines de pacotilla.

Ese día, por tratarse de uno de los mayores días de fiesta en el país, había pocos pasajeros, pero igual mis mejillas bullían de vergüenza ante cada proclamación de los misterios, que en la voz de mi madre bien podrían interpretarse como una marcha fúnebre cantada por un sargento con ronquidos asmáticos.

La casa de don Eliseo quedaba a una media hora de la nuestra pero, por la demora en el servicio público, por el deplorable estado de las calles y por la tempestad que se abatía sobre nosotros el recorrido duró más de una hora, situación que aprovechó mi madre para recordarme lo que me esperaba en casa si por alguna razón "el bueno de don Eliseo", como solía llamarle, no me contrataba. Procedió a explicarme paso por paso lo que debía hacer, lo que podía o no podía recibir, lo que estaba permitido solicitar y, por supuesto, lo de siempre: jamás debes pedir ir al baño en casa de gente famosa. Intenté recordarle en vano a mi madre que ya no era un niño, que yo sabía muy bien cómo hablar ante los mayores y que ese señor no era una persona famosa. No debí haberlo mencionado, porque jalonó mis cabellos y se quedó con la mayor parte de ellos en sus manos.

De todos modos, de nada sirvieron tantas explicaciones, ya que, al llegar a la mencionada casa fue ella quien habló todo el tiempo, yo solo observaba como si no estuviera allí.

La vivienda de don Eliseo era un conjunto de mezclas arquitectónicas de mal gusto, pero de gran contendido práctico, producto de reformas que era evidente que le habían hecho en los últimos tiempos. Tenía un solo piso, con ventanas bien distribuidas y una terraza que abarcaba toda la extensión de la casa. Estaba ubicada en una de las esquinas de esa calle y por todas partes se podían ver enredaderas ganándole terreno a los viejos y humedecidos muros.

Por su construcción parecía un viejo fuerte para evitar las invasiones de todo tipo, propósito de su diseño que, en efecto, a la larga comprobé. De lejos parecía un monasterio, solo le faltaba el campanario. Poseía la personalidad desolada de alguien que no tiene tiempo para perderlo en sandeces y menos en asuntos artísticos. Era el tipo de edificación que servía para proteger a sus habitantes del exterior, solo eso.

No tenía grandes florituras, pero sí una personalidad, en el caso de que quepa hablar de la personalidad de aquella mole de adobes del siglo diecinueve. Y allí estábamos, frente a su puerta, la única entrada existente, además del viejo portón que daba al jardín posterior, del que me enteré días más tarde para mi eterno gozo y desgracia.

Nos hallábamos ante la gruesa puerta de roble, tan antigua como los muros de la casa. Yo no era un experto, y no se requería serlo para ver la impresión que producía aquel portón, en medio de un barrio que empezaba a flotar en tablones de mala calidad, aluminio y puertas de hierro. "Esta maciza construcción de madera del siglo pasado debe pesar una tonelada", pensé.

Mi madre y yo llegamos empapados, el cielo había vaciado todo el líquido que quiso sobre nuestros cuerpos. Con inocencia bobalicona le pregunté a mi madre lo que hasta ese momento no se me había ocurrido:

—¿A qué hora es la cita?

Y ella me respondió con un leve movimiento de hombros y un sonido largo y contenido como de serpiente cascabel. Entendí aquella vaga inclinación, aquellas sílabas suspendidas en el tiempo y ese desparpajo al mover sus hombros con desgano. Procesé toda aquella información gracias a los múltiples años de experiencia y comprendí, aterrado, que mi madre no tenía concertada una cita.

Su plan era sencillamente plantarse frente aquella casa y pedir trabajo para su hijo. Me quedé frío, más por la insensatez o atrevimiento de mi madre que por el clima reinante. No estaba así porque yo creyera en la cantidad de títulos nobiliarios ni en la supuesta riqueza atribuida a don Eliseo, sino porque me parecía que por lo menos se debía concertar una cita para algo tan delicado como solicitar empleo. Esta consideración fue otro de mis errores, ya que tanto esa cita como el motivo de nuestra visita a aquel lugar fueron finamente premeditados y orquestados por el enigmático don Eliseo.

Yo creía que era una equivocación presentarse sin cita, pero para mi madre las cosas no eran así, para ella bastaba su capricho, que se empecinaba en llamar voluntad. Su edad y las penurias sufridas a lo largo y ancho de sus años de vida las consideraba suficiente carta de presentación como para no tener que solicitar la antesala de nadie. Así de sencillas eran para ella las cosas.

—Si nos quiere atender, nos atenderá, si no, pues, volvemos otro día, y santo remedio. Tienes que entender que el que tiene el dinero coloca las condiciones —señaló, y con eso lapidó mis comentarios.

Mi mano temblaba cuando golpeé levemente aquella colosal puerta. Me incliné bajo su dintel dispuesto a esperar cuanto tiempo fuese necesario. Mi madre me observó burlona a través de la lluvia, mas no me dijo nada ni emitió ningún sonido de los que solía hacer, hasta que un gesto irónico se inició en sus ojos y terminó en la punta de sus labios. Su boca se convirtió en un profuso miembro con vida propia que me señalaba la parte superior izquierda de la puerta. Que hubiera encontrado en el lugar que mi madre me señalaba un grueso botón que la gente de la ciudad empezaba a llamar "timbre" no me sorprendió tanto como que mi madre supiera de su existencia.

Tenía la sensación de que ella ya había estado antes en aquella casa, porque el timbre, aquel artefacto eléctrico que solo los ricos del barrio poseían, no estaba lo suficientemente visible, y menos para los ojos de mi madre, quien se quejaba de sus cataratas y glaucomas perpetuos.

La calle estaba desierta y no era para menos, a esa hora todos los habitantes del sector estarían resguardándose del chaparrón, reposando sus adoloridas piernas luego de la eterna procesión del vía crucis. Era una tarde de recogimiento y estaba prohibido jugar, divertirse e incluso cocinar. Me hubiera gustado vivir en el campo, ya que había escuchado que las normas eran más estrictas allí, a tal punto, que existía un número determinado de kilómetros que un ferviente cristiano debía abstenerse de recorrer, pero si le hubiera mencionado aquello a mi madre, me hubiese mandado al dentista al día siguiente, porque muy seguramente un par de mis muelas hubieran ido a parar a la deshabitada calle.

Mi madre, con su terquedad de plomo, y mis inapetencias hacía que lo que allí esperábamos se fusionara con los eternos minutos que debimos esperar, anegados en el silencio, tiempo que me recordaba el lento proceso de endurecimiento del cemento. Pero esperar en mi trabajo a que este secara era más llevadero, ya que contaba con un cigarrillo y la eterna perorata de algunos de los albañiles de turno, quienes siempre estaban dispuestos a compartir sus más recientes incursiones a los burdeles de la ciudad, o las fechorías de otros, que siempre asumían como propias para procurarse aires de importancia. Nada que ver con la espera que vivía frente a mi madre y su traje de cuervo expectante.

A poco más de medio siglo de espera, así me pareció, sentí un ruido de cadenas, puertas y cerrojos. Mi madre pegó su oído en la puerta y yo la imité; me propinó un puntapié en las espinillas que me paralizó la pierna.

—Para que aprendas a no husmear donde no se te ha llamado —me dijo.

Siempre tuve curiosidad por aprender la doble moral de mis mayores. Era pecado todo lo que yo hacía, pero si ellos eran quienes lo realizaban, era perfectamente legal y correcto. Otra cosa que mi madre se llevó a la tumba, Dios la tenga en su gloria —como ella me enseñó a decir—, cuya causa nunca logré comprender, fue su increíble salud. Ante los demás, su estado era deplorable, siempre tenía el mismo dolor del vecino, pero agrandado por su imaginación. No podía saberse de un virus nuevo en la ciudad, porque ella lo padecía ya desde hacía años; sus manos, siempre plagadas de artritis crónica, eran inservibles a la hora de lavar los platos o el baño, eso siempre era mi labor, "que para eso estaba joven", me decía; sin embargo, su fuerza para propinar pellizcos, jalones de cabello o empujones, era de origen milenario en nuestra casa.

Jamás comprendí por qué se empeñaba en hacerse pasar como una mujer enferma y desvalida, pues sus manos hacían maravillas cuando de la modistería se trataba. Nunca lograba estar de pie, ni erguida por mucho tiempo, ya que su gota, reumatismo y esclerosis la convertían en una paciente terminal para todo aquel que se aventuraba a escucharla, pero había que ver su habilidad circense a la hora de salir tras de mí cuando no la obedecía, pues de inmediato tenía la destreza suficiente para derribarme o hacerme tambalear de una patada, como en aquel caso.

Con mis ojos cubiertos de lágrimas disfrazadas de gotas de lluvia escuché las recias pisadas de alguien que se acercaba a la puerta. Mi madre, tan sorda como una tapia, según ella, se alejó prontamente, antes de que fuese descubierta con su oído puesto como estetoscopio en el roble. Precaución innecesaria, ya que la puerta demoró mucho rato en abrirse.

Sentí la leve picazón en la nuca, típica de cuando creía que me observaban, pero la vieja puerta no tenía ninguna abertura visible por donde se pudiera espiar. Mi madre adoptó su postura tradicional de anciana desvalida que no le hace daño a nadie y encorvó su cuerpo más de lo necesario, luciendo su más espectacular sonrisa de abuela desvalida le sonreía a la puerta, así me pareció. Luego de un prolongado silencio, se inició la loca sinfonía de sonidos que delataba a candados, cerraduras, pasadores, palancas, poleas y no sé cuántas cosas más.

Al final, un leve ruido marcó el término de la orquesta de cerrojos más desmesurada que jamás hubiese presenciado en mi vida. Ni mi madre, con lo desconfiada que era, guardaba su cofre de recuerdos con tanto sigilo como parecía guardarse aquella casa. Posteriormente, la puerta lloró y sus viejas bisagras rechinaron con un dolor lento y prolongado. Era el instante justo para huir de aquella casona, pero mis piernas no respondían y mi destino se cerró cuando se abrió completamente la puerta de roble.

Meses atrás, mi madre me había dicho que era hora de dejar mi empleo, que ya estaba bien de ser un bueno para nada y que si no cambiaba de trabajo terminaría siendo un inútil igual que

17

mi padre. Jamás pensé que me hablara en serio, ya que todo lo que me había dicho no era más que el eterno sermón diario. A nadie preocupaba ese tipo de cosas; mi padre, por ejemplo, antes de sentirse aludido, hacía caso omiso de sus palabras. En casa escuchábamos esa cháchara, aquel memorial de agravios, como se escucha la lluvia, o el ladrar del perro de al lado. Todo quedaba ahí, en hacer la representación de que la escuchábamos y listo, como siempre. Solo que una noche de linda luna me dijo:

—Creo que encontré quien guiará tu destino y dentro de poco podrás dejar ese empleo de mequetrefe, a ver si así no terminas tus días como tu padre. Existe la posibilidad de que don Eliseo te contrate.

Me quedé de una pieza. Don Eliseo era un hombre muy conocido en la ciudad. Sus excentricidades eran tan antiguas como el salón parroquial, pero nunca se me hubiera ocurrido pensar en él como probabilidad de empleo. Era tan inaccesible como el presidente. Y la posibilidad de la que mi madre hacía mención parecía a punto de realizarse aquel Viernes Santo.

Lo primero que sentí al ver que la puerta permitía la entrada fue que algún extraño mecanismo eléctrico la había abierto, cabía esa posibilidad, ya que se rumoraba que el dueño de aquella propiedad tenía el dinero para pagarse ese lujo. Pero, entonces, ¿de dónde provenían los sonidos de tantos cerrojos y cadenas?

Al abrirse la puerta, no vi a nadie y un olor a eucalipto llegó hasta mí e invadió mis pulmones. Mi madre fue la primera en entrar, nadie la mandó a pasar, pero, al parecer, el simple hecho de que la puerta estuviera abierta era suficiente para ella. Yo la seguí y justo tras mi espalda sentí el rozar de la madera al cerrarse. No era ningún complejo mecanismo y, menos, algún duendecillo travieso quien nos había abierto la puerta. Era el mismo dueño de casa quien nos daba la bienvenida.

Al escucharlo hablar sentí un escalofrío que no tenía nada que ver con la lluvia, ni con su voz, era algo más profundo que no supe descifrar en aquel instante.

Aquel hombre emanaba un magnetismo particular. Tendría

poco más o menos sesenta y dos años, pero su porte y gallardía lo hacían lucir más joven. De finas facciones y profundos ojos negros, encantaba con su presencia. Era alto y corpulento. Vestía, con rectitud, un traje gris de largo diseño, terminado en picos en la parte posterior, su camisa blanca tenía bordados gigantes y, aunque no traía puesta corbata, se veía bastante elegante, asemejándose a un actor de cine en decadencia. Su presencia era impecable, no obstante, sus ojos trasmitían una profunda tristeza.

Me ruboricé un poco al pensar lo mal que había juzgado a aquel hombre, siempre que hablaba de él lo describía como un engendro, o a una suerte de jorobado de Notre Dame. Pero allí estaba aquel elegante hombre, enfundado en un traje poco usual para un país como el nuestro y en una casa fuera de lo convencional para la época.

Una mano fuerte y rígida apretó la mía con firmeza, don Eliseo pasó cerca de mí y se plantó frente a mi madre, al tiempo que le besaba la mano derecha como todo un caballero de la Edad Media y la abrazaba con ternura, y diría que casi con respeto. Acto seguido nos invitó a sentarnos junto a él.

Contrario a lo que me imaginaba, la sala principal contaba con buena iluminación. Había sillas de los más variados tipos, colores y diseños, así como un bello cenicero sin ningún rastro de cenizas. No vi ningún sofá, todos eran asientos rígidos y, a juzgar por lo que sentí al sentarme en el que me correspondió, nada cómodos.

Al principio, aquel salón me recordó la sala de espera de la policlínica municipal, pero de inmediato reparé en la cantidad de cuadros mal colgados en las paredes y descarté el símil inicial. El lugar se asemejaba más a una sala de convento, aunque de clerical solo tenía algunos óleos, los que, años más tarde, me enteraría de que no eran copias, sino costosos y antiguos originales. Otra cosa que me impactó fue el sonido, o mejor, la ausencia de este, parecía como si estuviéramos en una cripta o una bóveda, no se escuchaba nada: era la falta total de ruido en su más elevada expresión.

Don Eliseo nos ofreció algo para tomar y no tuve tiempo de abrir la boca, porque mi madre respondió por mí.

—No, gracias, él no quiere nada.

Los primeros minutos en aquella casa fueron los más vergonzosos de mi vida. No modulé palabra. Mi madre respondía por mí, desde mi nombre hasta los gustos por el café azucarado, inclusive se embarcaron en una conversación sobre mí en tercera persona, parecía como si yo no estuviera presente. Hablaban en forma impersonal y lejana, daba la sensación de que estaban hablando de otra persona y no de mí. Me di cuenta de que de nada importaba que yo estuviera de acuerdo o no con los términos de aquella conversación.

En algún momento de la plática carraspeé con fuerza, fue cuando empezaron a hablar sobre mis costumbres y hábitos personales en casa, pero parecía que mi cuerpo se hubiera esfumado de allí. Me ignoraron.

De ningún modo logré enterarme cuál fue el contenido profundo de aquella charla. Momentos después de la plática, don Eliseo invitó a mi madre a seguirlo hacia algún lugar desconocido para mí. Sus voces se perdieron entre los altos muros de concreto y allí me quedé solo con el olor a eucalipto y una terrible curiosidad de saber qué se traían entre manos.

Media hora más tarde, entraron de nuevo los dos. Don Eliseo, con un teatral gesto, guiaba a mi madre hacia la sala y mi madre caminaba encorvada y feliz hacia mí.

—Despídete y da las gracias, muchacho, no seas maleducado —fue todo cuanto me dijo.

Me sentí mareado por el coraje, ante el trato que me prodigaba mi madre. Pero, como siempre, hice lo que me exigió.

No sé muy bien en qué condiciones salí de allí, solo recuerdo la mano del dueño de casa y que ese olor a eucalipto me acompañó el resto del día.

No mencionó el motivo de nuestra visita a aquella casa. La lluvia menguó su batalla contra nosotros y una tibia bruma envolvía la ciudad. La curiosidad me corroía y mi madre parecía no estar dispuesta a calmarla. Solo cuando estuvimos frente a mi padre, soltó la lengua y lapidó mi destino.

—Convencí a don Eliseo para que le dé el trabajo —nuevamente hablaba de mí como si yo no estuviera presente—. Dentro de una semana debe empezar y solo podrá salir una vez a la semana —aseveró mi madre con su mirada de cuervo clavada en las plantas de la sala.

Mucho tiempo me costó comprender cabalmente la profundidad de aquellas palabras porque, tal como ella me lo había vaticinado, sus planes cambiaron mi destino para siempre y hasta el día de hoy me arrepiento de haber sido un mequetrefe. Estoy seguro de que ella, desde su tumba, también se revolcaría por toda la eternidad si hubiera sabido lo que hizo al llevarme a aquella casa.

Jamás me enteré de cómo se llevó a cabo la transacción de mi *libertad*, ni cuáles fueron las cláusulas, convenios o condiciones de tal negociación. Así, me sentí el producto de un intercambio comercial. No conseguí enterarme cuáles fueron las artimañas o elementos esgrimidos por mi madre para obtener el beneplácito de don Eliseo, o viceversa, pero era claro que aquel señor estaba más interesado en mí de lo que nos imaginábamos, aunque debieron pasar muchos años antes de que yo lo averiguara. No obstante, fuera lo que fuera lo que hubiera hecho mi madre, logró pulverizar mi futuro de un plumazo.

La semana de la que había hablado mi madre pasó con una velocidad pasmosa. Sentía que me estaba preparando para viajar a otro país, a cazar osos en Alaska, a buscar el tesoro del Dorado, a bucear en el mar Muerto e, incluso, sentí que me estaba despidiendo de la vida para viajar a las profundidades del infierno, en busca de algo que aún no sabía a ciencia cierta de qué se trataba. Me sentí de mal humor y muy irritable durante aquellos días, no lograba concentrar mi atención en lo que hacía. Daba vueltas sin parar por toda la casa y el insomnio hizo su nido burlón en mi cama.

Me despedí de los pocos amigos que tenía, que me ridiculizaban aduciendo que solo estaría a unos minutos de nuestro viejo barrio, que Aranjuez estaba muy cerca del centro de la ciudad. Pero a mi memoria llegaba la mirada del dueño de aquella extraña casona, de su eterno olor a eucalipto y de su mano atiborrada de huesos.

Llovían las apuestas, entre mis amigos y yo, respecto al tiempo que soportaría trabajando en aquella casa. No, no podía estar tranquilo, sentía que me adentraba en las fauces de un monstruo marino, aunque no podía precisar en qué se basaban mis temores, el desasosiego lo podía palpar. En aquella casa, más vivo que nunca, estaba mi miedo hacia lo desconocido,

Un día me dirigí al centro de la ciudad en busca de consuelo en la conversación perdida de alguno de mis excompañeros de trabajo. Solían reunirse en una estrecha calle que a los nuevos constructores de la metrópoli les encantaba denominar *boulevard* y que para nosotros seguía siendo un pasaje comercial en pleno corazón de Junín, a un paso de la transitada avenida La Playa, donde las callejuelas se convertían en aceras para evitar el paso de autos y volcar a los transeúntes en forma desaforada en busca de entretenimiento y comercio.

En aquel pasaje comercial se daban cita las más variadas personalidades del mundo citadino: vendedores ambulantes, loteros, prostitutas, borrachines, jugadores, mujeriegos, soldados con licencia, sirvientas, doctores, tinterillos, leguleyos, sacristanes, proxenetas, profesores, albañiles, vagabundos, lustrabotas, atracadores y poetas. Era el único lugar de la ciudad donde se podía entrar a tomar un café en un bar al medio día y encontrar un mundo bohemio, jugador y borracho. Al salir de allí tus ropas estaban empapadas en vapores de tabaco, alcanfor y sueños ajenos. En aquel recinto se tejían los más bellos idilios o las más despiadadas venganzas. Por supuesto, el chisme, como buen *deporte*, se practicaba a diario sin respetar día festivo o lunes de zapatero.

La cercanía con los demás te daba la seguridad de la indiferencia y la tranquilidad del anonimato. Era una completa y perfecta torre de Babel donde solía refugiarme para olvidar mis angustias mientras jugaba al dominó o cualquier juego de salón y saboreaba un café.

Creo que quienes mejor me conocían (aun mejor que mis amigos) eran los vendedores de lotería, ya que mi afición a los juegos de azar era famosa entre mis allegados. Ese vértigo que me producía lo inesperado, el riesgo y la casualidad eran elementos demasiado poderosos para que no me rindiera ante sus garras de buitre. Fue allí, en medio de una partida de póquer, donde indagué sobre los rumores que estaban mitificando el comportamiento de quien sería mi próximo patrón, lo cual solo incrementó mis dudas con respecto al futuro. En aquella época no solía apostar dinero, además, tampoco contaba con él, me reunía con un par de amigos albañiles y competíamos por el único premio, que consistía en determinar quién pagaría la cuenta de los cafés. Ese día en particular, el aura de misterio que envolvía los negocios y la vida de don Eliseo me golpeó con tal crudeza que perdí todas las apuestas. Solo tenía en claro que la casa de don Eliseo era la más antigua del sector y que hasta hacía una década era prácticamente la única casona del barrio. Empecé a temerle o, debería especificar, a odiarle, antes de tiempo.

Si tan solo hubiera confiado en mi instinto... Tal vez aposté demasiado alto o, sencillamente, la rueda del destino me jugó una mala pasada.

Mi madre no respondió a ninguna de mis preguntas, su silencio hermético no daba atisbos de ninguna información. Siempre que le preguntaba por el motivo que la llevó a enviarme a trabajar interno en casa del hombre más extraño de la ciudad, ella abría los ojos suplicantes al cielo, extendía sus brazos en cruz, los aterrizaba en jarras sobre sus caderas y profería un eterno silbido, que yo debía interpretar como una respuesta.

En el momento de empacar mis pertenencias, no fue menester hacer muchos preparativos. Solo una tula verde de lona necesité, la misma que había pertenecido, según mi padre, a uno de mis tíos caído con honor en la guerra de Vietnam. Me tragué mi sonrisa, porque el único tío que yo conocía que había puesto un pie en el ejército había sido cocinero en un batallón ubicado a tres horas de mi ciudad y lo único que se ganó de honroso fue una colección de medallas que había logrado sustraer de un casino de suboficiales.

Empaqué dos pantalones y dos camisas, consabidas herencias de mi padre, y dos calzoncillos. El único par de medias que no tenía roto lo llevaba puesto aquel día, incluía un libro de cuentos, una camándula y un grueso libro de oraciones que mi madre se empeñó en que llevara conmigo.

Pensé que habría una gran despedida en mi casa o que frente a ella encontraría una gran romería de vecinos dispuestos a demostrarme su afecto con señales de estima o condolencias, pero ni los perros de la cuadra parecían percatarse de aquel paso trascendental en mi vida.

A la hora de partir, mi padre me dijo que me portara bien, que ahorrara dinero para que pudiera mantenerlo y se fue con un periódico hacia el sanitario tarareando una tonada, como siempre que se dirigía a leer las noticias del día anterior antes de evacuar el excusado con ellas. Mi madre, en cambio, fue un poco más enfática:

—Si me defraudas, te arrepentirás —y se alejó de mí, luego de darme un cariñoso pellizco en el brazo.

Me quedé de pie, sin saber si reír o llorar, en medio del comedor de mi casa, con la tula de lona en una mano y un sabor amargo en el alma. Es cierto que no partiría por siempre ni me alejaría demasiado de casa, pero por lo menos esperaba alguna demostración de afecto por parte de mis padres. Di media vuelta y salí por la puerta, procurando dar un portazo lo suficientemente fuerte como para que mi madre me recordara toda la semana, aunque fuese solo para que me golpeara a mi regreso.

No recuerdo los minutos previos a mi entrada a aquella casa, mi residencia definitiva, mi claustro disimulado, mi prisión eterna, solo sé que avanzaba pesado y lerdo por las calles de mi barrio dejando migajas de mi memoria, esperando que, al igual que los niños del famoso cuento, pudiese recuperar el camino extraviado a mi regreso. Por lo visto, en la realidad no corrí con tanta suerte como en las fábulas, ya que, en algún lugar del camino algo o alguien cenó mis propias migajas, dejándome irremediablemente perdido, solo y a mi suerte.

Lánguidamente avanzaba, sin la menor prisa por llegar a mi

destino. Se deslizaban por mi retina las calles de siempre con su misma gente y su mismo ritmo de vida. Desde el carnicero hasta el panadero, pasando por el vago de la esquina y el loco de cada cuadra, todos estaban allí presentes ante mis ojos. Presencia intemporal.

Y por fin, allí estaba yo, sudando, ante aquella puerta que días antes visitara con mi madre. De nuevo regresó a mí la sensación de ser observado, cuando aún no había anunciado mi presencia llamando a la puerta. No fue necesario hacerlo, porque, a los pocos minutos de estar debatiéndome entre llamar o no, la puerta se abrió con su algarabía de sonidos y su sinfonía de arcabuz oxidado. Frente a mí estaba la mano huesuda de mi anfitrión que me sonreía desde las sombras.

Agudicé mis sentidos y no solo logré percibir el olor a eucalipto que lo envolvía todo: cuadros, puertas, lámparas y sillas; también sentí un sutil y delicado aroma a colonia, más específicamente, era agua de colonia de la que utilizaban para después de la afeitada quienes podían darse el lujo de comprarla y provenía del hombre parado justo frente a mí.

Con un gentil gesto, me indicó que pasara y me recordó que no olvidara mi equipaje. De repente me sentí ridículo por presentarme allí con aquella bolsa de lona, pero ya no tenía oportunidad de volver atrás, así que caminé fingiendo una seguridad que estaba muy lejos de sentir.

Don Eliseo me dijo que lo siguiera y me llevó a través de la sala que había conocido anteriormente. Todo estaba tal como lo recordaba, parecía que no habían movido ni una silla desde mi primera visita. Lo seguí con curiosidad mientras atravesábamos un amplio corredor lleno de plantas e inundado de luz.

Antes de llegar al comedor debimos atravesar un amplio patio con flores, naranjos y eucaliptos, parecía un jardín del zoológico, amplio y mal cuidado, pero con vida propia. Llegamos a una habitación que servía de comedor y donde, según me explicó, se había sentado con mi madre para hablar sobre mi futuro. Mis mejillas se tornaron rojas ante la sensación de sentirme una mercancía que es regateada por dos mercaderes, pero me repuse de inmediato y traté de ganar terreno frente a la ausencia de mi madre.

—¿Qué fue exactamente lo que pactó con mi madre? —le pregunté a quemarropa.

Don Eliseo me observaba, midiendo mi capacidad de resistir a su mirada y su tristeza se reflejaba en sus pupilas. Finalmente me dio la espalda y se dirigió a una de las estanterías de madera y vidrio que contenían variados licores, vasos, copas y finas porcelanas para el té. Todo aquello era demasiado refinado para mi conocimiento, pero debo admitir que me gustaba la idea de vivir en un lugar donde uno se podía pasar horas eligiendo en qué tipo de cristal beber una cerveza, nada parecido a las eternas tazas de cerámica criolla con bordes quebrados, desde épocas inmemoriales de mi casa.

Me invitó a sentarme, sacó de uno de los estantes dos diminutas copas y las llenó con un aromático licor que me presentó como un jerez. Se sentó frente a mí y levantó su copa, yo no sabía cómo comportarme ante esa situación, así que hice lo mismo que hubiera hecho en los bares del centro de la ciudad. Levanté mi copa y musité un tímido "salud".

El hombre apuraba su copa con clase, sin prisas ni aspavientos. Yo aproveché para evaluar la situación y me encontré frente a un hombre buen mozo, entrado en años, fuerte y de cabellera plateada. Iba correctamente vestido con un traje negro cruzado y corbata gris. Un pañuelo blanco asomaba por el bolsillo que cubría su corazón. Tenía una profunda mirada color noche y un par de arrugas que acentuaban sus finos rasgos de patriarca hidalgo.

Me pareció más joven y amable, ahora que lo tenía frente a mí y que se percataba de mi existencia, tal vez era un efecto secundario de agradecimiento por su cortesía para conmigo, ya que la última vez que había pisado aquella casa hablaban de mí como si estuviera ausente. Lo cierto del caso era que el verlo allí con su copa de jerez y una amplia sonrisa plena de inmaculados dientes, me procuraba una gran serenidad y sentido paternal. Fue ese mi pasaporte a la perdición.

Las mil caretas de un ser humano no deben ser medidas por una mirada. Tarde lo comprendí.

—Tu madre me dijo que no tenías mucho futuro, pero yo le aseguré que poseías potencial. Así que fue sencillo llegar a un acuerdo. Desde ahora, trabajarás a mi lado —sentenció sin que pudiera detectar ningún tono de arrogancia en su voz.

Intenté explicarle que yo era un hombre sin mucha educación, pero que merecía respeto y que por lo menos debía tenérseme en cuenta para tomar una decisión tan trascendental como cambiar de vida y de empleo. Traté de exponer mi punto de vista sobre la moral, los derechos y deberes. Le hablé sobre mis convicciones, credos y por un instante pensé que le estaba develando los secretos de mi alma tan celosamente guardados durante toda mi vida. No sabía si era la fascinación ejercida por aquel hombre de impecables modales o los efectos tempranos de un licor tan dulce, pero me sentía como preso en un interrogatorio en el que colaboraba casi con entusiasmo.

—¿Te gusta el póquer? —su pregunta me fulminó y me plantó de lleno en la realidad.

Segundos antes, le había abierto mi corazón a un desconocido y le había pedido respeto hacia mis principios y él, con una sonrisa de galán de televisión, me hacía esa pregunta.

—Perdón, ¿qué me dijo?

—¿Te gusta el póquer? —respondió divertido al ver mi consternación.

—¿El póquer?, ¿me está hablando del juego de naipes... del póquer? —fue todo lo que estúpidamente modulé.

—Sí, ese mismo. Si en realidad te gusta, estarás acostumbrado a jugar al riesgo, a disfrutar el vértigo que produce *pagar por ver*, o, incluso, arriesgarlo todo. A eso me refiero, chico, a jugar el todo por el todo —su voz melodiosa de encantador de serpientes me seducía y aunque no entendía ni una palabra de lo que decía, me aventuré a cincelar mi lápida con mis palabras.

—Sí, me gusta arriesgar, dejarme llevar por el azar, no hay nada más excitante que *el todo por el todo* —le contesté, mientras levantaba mi copa vacía.

...Y la vida me enseñó que perdí desde ese mismo día.

Me condujo a la que sería mi habitación, un sitio monástico, pero en comparación con los escasos lujos que podía permitirme en casa, aquello era suficiente, era mi refugio permanente y guarida aliada, desde donde aprendería a seleccionar y catalogar los sonidos de todo el caserón. El escaso repertorio de muebles y elementos hacía de aquellas cuatro paredes una caja de resonancia tal que no pasaba una mosca por el corredor principal sin que el sonido repercutiera primero en mi cuarto.

Contaba con una estrecha cama de madera, un armario, tan antiguo y gigante que mis pocas prendas se perdían en sus maderas (como la casa misma con mi presencia), una silla y un enorme crucifijo, casi de mi estatura, que en más de una ocasión me provocó pesadillas.

Al día siguiente de aquella extraña conversación con don Eliseo se me encomendaron las labores de la casa, y fue así como me enteré de que, de ser aprendiz de albañil era ahora el secretario, asistente, sirviente y semiesclavo de aquel enigmático personaje. Mis obligaciones eran simples: "Hacer lo que se me ordenara y no contar nada a nadie", por el contrario mis derechos eran muy amplios, según me lo explicó él mismo:

—Puedes ver la televisión no más tarde de las ocho de la noche, podrás comer lo que desees, tienes permiso para visitar a tu madre una vez a la semana y podrás aprender lo que desees de mí sin necesidad de pagarme.

Parecía un testamento, pero fue todo lo que me explicó. A partir de allí, empezó mi entrenamiento en el difícil arte de mimetizarme con la casa la mayor parte del día, para no perturbar a su dueño.

Ver la televisión no se contaba entre mis placeres, pero debo reconocer que fue impactante el primer día que vi en la pantalla del televisor de don Eliseo, ubicado en un rincón del comedor, las imágenes de una película de vaqueros; lo grandioso fue verlas a todo color, ya que en mi casa siempre las vi en blanco y negro con las regulares y eternas interrupciones propias del movimiento del viento, ya que bastaba la más ligera brisa para mover la cantidad de tapas de ollas, latas y alambres que teníamos unidas en indecoroso amorío a la antena de un televisor, que más parecía una reliquia que un electrodoméstico decente.

Otra de las particularidades de mi nuevo patrón era que su televisor tenía un vestido como de muñecas, siempre estaba cubierto como una imagen sin vida. Para observar la televisión se precisaba descorrer las pequeñas cortinas de flores negras que lo cubrían, como si fueran el telón de un teatro en miniatura.

Mis jornadas eran rutinarias y monásticas. A las seis de la mañana el café negro —con abundante azúcar— debía estar listo y humeante en la mesa del comedor, junto con su infaltable vaso de agua, previamente colocado en el jardín, para que el rocío del amanecer dejara en él sus propiedades curativas. Era tal la disciplina y rigor de su dieta, que si por alguna razón olvidaba dejar el agua a la intemperie y le ofrecía un vaso de agua directamente de la tubería, él sabía detectar la diferencia y me fulminaba con su mirada.

Luego del café, que se me permitía tomarlo con él, pero jamás sentado a la mesa, mis quehaceres, por más variados que fuesen, consistían en la misma cadena monótona diaria. Regar las plantas del jardín, hablarle a las flores, limpiar la casa, excepto la habitación de don Eliseo, allí estaba prohibido entrar sin su autorización y presencia. Salir a comprar frutas frescas, preparar el almuerzo, recibir y dejar en la mesa del comedor la correspondencia y mantener café caliente y fresco.

Meses después, conocí otra faceta de mi trabajo, de la que no tenía idea de su existencia. Es más, haciendo un exhaustivo examen de memoria, jamás recordé que a don Eliseo se le conociera como acaudalado hacendado. Me refiero a que otra de mis funciones en aquel caserón era la de llevar la contabilidad de su hacienda, esto último me costó mucho esfuerzo y tiempo aprenderlo.

Don Eliseo me enseñó los procedimientos básicos, y me atrevería a decir que rudimentarios, acerca de cómo llevar los libros de contabilidad de una gran hacienda cafetera de nombre La Carmelina. Yo solo asentaba cifras en varios libros que no tenían ninguna especificación, eran números, pero no sabía lo que representaban. Pasó un par de semanas antes de que me atreviera a realizar los sencillos procedimientos de forma autónoma, pero, finalmente, lo logré. No obstante, en vez de conseguir adulación o felicitación por parte de mi jefe, solamente obtuve un gélido:

—Eso es parte de tus obligaciones.

En aquella casa, lo único que me remitía mentalmente a la producción de café era el que debía prepararle a diario, allí no se respiraba un ambiente de hacendados ni mucho menos. El dueño de casa salía casi a diario, pero jamás regresaba después de las seis de la tarde. Nunca traía sus trajes con olor a campo ni compraba insumos agrícolas o nada que se le pareciera.

La primera vez que le mencioné el asunto de la hacienda a mi padre, con tal mala fortuna que mi madre me escuchó, se formó una discusión de dimensiones catastróficas, poco faltó para que mi madre fuera directamente a recorrer una a una las notarías de la ciudad buscando el paradero de La Carmelina. Tuve la sensación de que a mi madre le interesó menos el asunto de la misteriosa hacienda que su nombre. Cuando se lo dije, debí repetirlo una y otra vez, y ella, a su vez, lo repetía, como musitando un mantra eterno. "Carmelina… Carmelina…". Debí rogar, suplicar y finalmente gritar, para que mi madre entrara en razón y no hiciera un escándalo público de una curiosidad mía.

Tal vez debí dejar que lo hiciera.

En aquellas primeras semanas, me sentí más cómodo de lo que me atrevía a admitir. La lejanía de mi casa, la ausencia de golpes y órdenes me daban un solaz, inusitado y, por supuesto, un bienvenido placer.

Cada vez que llegaba a mi casa mi madre se quejaba de un achaque nuevo, de una medicina más costosa que la anterior, del precio de la leche, de lo caro que era vivir en Medellín, que se hacía cada día más grande y poblada, me recordaba hasta el precio de las veladoras para los santos. Era una constante retahíla de lamentos y quebrantos, que vaciaban mis bolsillos en menos de lo que lograba darme cuenta.

Mi padre, por el contrario, solo quería saber si don Eliseo era tan macho como se decía, si era cierto que llevaba mujeres jóvenes a su vieja casa, si hacían fiestas, orgías o bacanales, cuánto dinero ganaba él para mantener una reputación de millonario, y si no me sobraría un par de billetes para comprarse unas cervezas a espaldas de mi madre. Ninguno de los dos se preocupaba por preguntarme cómo me sentía, si estaba a gusto o no, si los echaba de menos, si me alimentaba bien o si me daban buena vida en aquel lugar. Fue mejor así, no sé cómo se hubieran sentido si les hubiese confesado que vivir alejado de ellos era un reconfortante alivio.

Ese comportamiento de ellos fue el que me ayudó a aceptar de buena gana la inusitada voluntad de mi patrón para que me quedara interno, eso me hacía sentir extraño, en una ciudad donde, por regla general, las mujeres eran las que hacían de cocineras y vivían internas en las casas que se podían dar el lujo de pagar ese estilo de vida. Pronto aprendí que lo que don Eliseo deseaba era tener una razón más para que la gente lo viera como legítimo heredero de hacendados y gentilhombres, ya que lo que él pretendía era tener un sirviente como lo habrían tenido sus encopetados ancestros.

Cada semana podía visitar a mi familia el día sábado, luego de dejar el café servido en la mesa, y debía regresar el mismo día, antes de las ocho de la noche, hora en que debía acostarse todo aquel que estuviese en casa de don Eliseo. En aquellos sábados solía pasear por el centro de la ciudad y sentir nostalgia, pero más por los desconocidos de las calles que por mis propios padres.

Los bares, cada vez más atestados de personas, parecían multiplicarse a granel, el caos en la ciudad empezaba a notarse en la falta de espacio para los transeúntes. Cantidad de vendedores ambulantes empezaban a plagar las calles y rápidamente comenzaron a cortar los árboles de las aceras para construir avenidas. Estaba el progreso al servicio de la tecnificación. Nosotros, los habitantes de siempre de nuestra ciudad, estábamos siendo relegados a un segundo plano.

Las urbanizaciones incestuosas habían hecho mella en la arquitectura antes repleta de árboles y zonas verdes, ahora plagada de hormigón. Hasta mis esporádicas y furtivas visitas a las casas de lenocinio se habían visto afectadas, pues había tantos nuevos lugares que ya no era tan fácil escoger. Antes se iba a los mismos lugares y las alcahuetas te conocían, eran tan pocas las prostitutas que uno las conocía por su nombre a todas.

Mas cuando empecé a salir los sábados a disfrutar de mi día libre, cual sirvienta en licencia, había una oleada impresionante de nuevas mujeres vendiendo sus cuerpos en la calle. Nunca supe si el negocio era muy próspero o la situación del país estaba de mal en peor, el caso es que las calles estaban llenas de jovencitas llegadas del campo y de los cuatro puntos cardinales de mi ciudad. Empecé a frecuentar menos aquellas mujeres, tanta variedad me producía mala energía. Comencé a pensar que ya era hora de conseguir una *buena muchacha*, como decía mi madre, y formar un hogar, pero mi nuevo empleo no me lo permitía.

Paulatinamente, dejé de visitar a mis padres, y solo lo hacía una o dos veces al mes. Mis sábados los dedicaba a deambular por mi ciudad cambiante. Jugando y apostando a cuanta lotería me ofrecían.

Había quienes explicaban, con voz de profetas, que el incremento desmesurado y desorganizado de vendedores ambulantes, prostitutas y mendigos en las calles de Medellín se debía a la necesidad y al hambre, motivadas por el desplazamiento de los campesinos hacia las zonas periféricas de mi ciudad, quienes, a su vez, huían de una guerra entre bandos del gobierno y guerrillas; no sabría decir si esa era la razón, pero cuando trabajaba de albañil, la zona más apartada del centro de la ciudad era el barrio La Milagrosa y, en pocos meses, las nuevas construcciones se tragaron las montañas que miraban altivas a Medellín.

Los albañiles aún me recibían con agrado en los bares y en sus juegos. Entre cafés, bromas y humo nos contábamos nuestras penas y logré ser el centro de atracción de cada conversación, todos querían saber si mi jefe tenía amantes, qué tipo de comida prefería, qué periódicos leía, de dónde provenía su riqueza y si era cierto que era descendiente directo de un famoso rey ahorcado en

España, me peguntaban de cuanta cosa podría uno imaginarse, el tipo de colonia que utilizaba, de fantasmas, doncellas y hasta de asesinatos en su pasado y no faltó quien asegurara que yo mismo lo afeitaba. A todas aquellas cosas les contestaba con un halo de misterio lo suficientemente impenetrable como para ser recibido con curiosidad la semana siguiente. Procuré indagar con cautela sobre los negocios caficultores de mi patrón y nunca obtuve respuestas, solo más interrogantes.

Un día le pregunté a don Eliseo que cuándo podría visitar la hacienda. Me congeló con su silencio por eternos minutos y, luego, con voz de ultimátum, me ladró:

—¡Haz lo que te ordeno y no digas sandeces!

Aquel día tuve que remitirme de nuevo al diccionario, ya que en más de una ocasión su vocabulario vencía al mío. Cuando finalmente me enteré de que lo que me había dicho, con tono de dictador, era que no dijera estupideces, me sentí realmente como un imbécil y no volví a abrir mi *bocata* para preguntar por la famosa hacienda cafetera.

Lo que era innegable es que "La Carmelina" producía grandes cantidades de dinero y, aunque no sabía a ciencia cierta el destino final, las ganancias mensuales eran cifras bastante interesantes. Don Eliseo se las arreglaba para esconder ciertos reportes de la finca, es por ello que no logré saber con exactitud las cantidades manejadas en la hacienda. De igual modo, tampoco supe cómo llegaban los documentos para su contabilidad en un mismo día desde el campo hasta la casa, conociendo que la ubicación de la supuesta hacienda estaba a más de cinco horas en auto, según leí en uno de sus libros de reportes.

La llegada casi diaria de su hermano Mario constituía la única visita habitual que don Eliseo recibía sin previa cita. Mario era dos años menor que mi jefe, era jovial y, por lo que él mismo decía, "mujeriego hasta la médula". Muy distinto en su apariencia física a la de su hermano, Mario parecía una ballena gigante varada en la playa, se movía con lentitud y su cara regordeta escondía un par de hoyuelos, que en alguna época pudieron ser seductores.

Siempre tuve curiosidad por saber cómo se las arreglaba para tener amantes a granel, si más parecía un tonel de grasa ambulante que un hombre. Por su propia boca escuché el único y escueto relato sobre el verdadero linaje de su estirpe.

Recuerdo el día que me lo contó. Yo regaba las plantas en un fresco atardecer y don Mario llegó, como de costumbre, a esperar a su hermano. Venía de visitar a una de sus perpetuas amantes que se iría a vivir a España y se habían tomado unos tragos de más antes de que llegara el esposo de la mujer en cuestión. Sería el licor en sus venas o el dolor de perder a una de sus *queridas*, no lo sé, pero aquella tarde me reveló el único testamento vocal sobre los orígenes de su abolengo.

—Una tarde como hoy —me dijo—, murió mi abuelo, fue él quien nos confesó que el supuesto linaje de mi familia se lo había comprado a un gitano por dos centavos; el documento, estampado hasta la saciedad, con sellos por ambos lados, acreditaba a su poseedor del más alto título de la dinastía Borgia, con derechos para hacerse poseedor en cualquier momento de varias hectáreas de tierra en la lejana Italia.

Mi abuelo jamás viajó fuera del país, pero era un apasionado lector de novelas de caballeros con mosquete y doncellas por rescatar de feroces dragones o simples ladronzuelos. Así fue que no lo pensó dos veces cuando el gitano mercachifles exhibió ante sus narices el portentoso documento. Lo compró sin vacilaciones y gracias a él y a un par de atuendos de época adquiridos a bajo precio en un circo ambulante, logró convencer al padre de la mujer que amaba de que él provenía de familia real y que era el mejor partido para su hija, quien a la postre se convertiría en nuestra abuela.

De su matrimonio solo nació mi padre, quien fue educado en los mejores colegios religiosos. Los sacerdotes aceptaban gustosos las ofrendas de mi abuelo por la educación de mi padre, sin enterarse o sin mostrar interés por conocer las fuentes de dicho dinero que, en realidad, provenía de la venta clandestina de licor y tabaco importados en barcos piratas. Mi abuelo era capaz de venderle el alma al diablo, poco le importaban los escrúpulos y enseñó a nuestro padre cómo sobrevivir en una sociedad que tenía vista selectiva, solo veía lo que le convenía y fue así como mi padre se convirtió en un rico comerciante.

Años más tarde mi padre contrajo matrimonio con una acaudalada heredera de las más encopetadas élites políticas emergentes del país y mi hermano Eliseo fue el mayor de los tres hermanos que fuimos.

Al terminar su relato, y su segunda copa de *whisky*, me aventuré a preguntar.

—¿Ustedes son tres hermanos…? ¿Quién es el otro y por qué jamás se habla de él, ni viene a esta casa?

La respuesta fue rápida, cortante como un látigo, hirió mis sentidos y mucho tiempo tardé para entender el significado de aquella frase:

—Porque el hermano menor resultó mejor que nosotros para los negocios y para las mujeres.

Procuré sacar más información, pero la puerta principal se abrió con su característico ruido de mil cerraduras y escuchamos los suaves pasos del dueño de casa acercarse; don Mario se llevó el dedo índice a los labios y me guiñó un ojo cómplice para que me callara. Cuando llegó don Eliseo, su hermano cambió de tema abruptamente, le serví una copa y brindó con él. Jamás se volvió a mencionar el origen de su linaje de dos centavos.

Poco a poco me convertí en confidente de los dos hermanos. Para don Eliseo, yo era su mano derecha, aprendí a conocerlo como a mí mismo y hasta me empecé a parecer a él: me acostumbré al café dulce, a las bebidas exóticas, extranjeras y costosas pagadas por él, claro está. Pero mucho tardé en averiguar el origen de su nostálgico mirar. Para don Mario, yo era un buen oyente, él encontraba en mí un buen público para escucharlo ufanarse de cuanta mujer caía entre sus redes. En definitiva, me atrevería a aseverar que ellos se sentían cómodos con mi presencia siempre y cuando no hiciera preguntas.

Mi madre pasó a mejor vida un martes por la mañana, borré

de mi mente la fecha, pero yo llevaba ya cerca de dos años trabajando en casa de don Eliseo, lo que puede traducirse como *descansando de mi madre*. Murió de cáncer en el seno; cuando se lo diagnosticaron lo tenía tan diseminado por su organismo, que solo le dio tiempo de jactarse por un mes. Y es que la dicha que le producía a mi madre vanagloriarse de un dictamen médico de ese calibre solo era comparable con su felicidad de comprobar que sus vecinas no padecían de lo mismo. Imagino que bajaría al sepulcro con una sonrisa en sus labios por sufrir una de las enfermedades de moda en el país, pero aún inexplorada y fatal en nuestra ciudad.

El último día que la vi con vida fue un sábado en la tarde, estaba más demacrada que siempre y extrañamente afectuosa. Volvió a indagar sobre el nombre de la hacienda La Carmelina y me preguntó que si ya sabía dónde estaba o de qué se trataba, incluso me preguntó si el nombre no sería El Carmelo. Le respondí que no sabía nada y agregué que si vivíamos bien así, para qué preguntar más. Se quedó mirándome con una expresión tan melancólica en su rostro, tan profundamente afectada de dolor interno que me dio lástima y comprendí que no se trataba de uno de sus trucos de chantaje psicológico, esas palabras las profirió desde lo más hondo de sus sentidos, de sus remordimientos, de sus dudas y, quizás, desde lo más profundo de su arrepentimiento.

—Porque es mejor preguntar, saber, tener la certeza. En la vida es mejor tener las cosas claras, porque este mundo es demasiado pequeño como para tener que vivir con la espina de una duda eterna en el alma —enfatizó.

Sus palabras me conmovieron y las recordé el día del funeral.

Los gastos del funeral fueron pagados en su totalidad por don Eliseo, quien me dio toda la semana libre para que estuviera en casa. Hacía menos de un año que había muerto mi padre. Murió plácidamente, mientras dormía su siesta de las dos de la tarde, así que yo no tenía nada que hacer en aquella vieja casa, salvo recoger los enseres de mi madre y botarlos a la basura. Solo me llevé de allí un viejo cofre caoba que mi madre jamás dejaba ver a nadie. Lo abrí por un segundo y eché un vistazo superficial en el que comprobé que estaba repleto de amarillentas cartas, rosarios, novenas y fotos, lo cerré de nuevo con desgana y salí para siempre de aquella casa, aquel barrio y aquella vida.

Una vez en mi habitación, en casa de don Eliseo, guardé el cofre bajo mi cama y allí permaneció durante años sin que sintiera la más mínima curiosidad por ver su contenido.

Los días después de su funeral me sentía tan extraño, tan livianamente vivo, que algo en mí me farfullaba que debía sentir tristeza y otra parte de mi ser me invitaba a volar.

Varias veces vi a mis padres de nuevo, pero debo aclarar, en honor a la verdad, que la palabra correcta fue vi, no puedo decir que soñé con ellos. Los sentí pasearse casi con desparpajo por casa de don Eliseo. La primera vez que vi a mi padre me sonrió, mientras iba hacia el excusado de la casa con una revista bajo el brazo, me dio un susto de mil demonios, pero su pícara sonrisa contribuyó a disminuir la impresión.

A mi madre, en cambio, la observé sentada en mi cama cuando estaba barriendo el corredor principal, tenía una expresión similar a la del último sábado que dialogué con ella. Estaba tejiendo y me dedicó una amplia sonrisa que en vida pocas veces me daba. Me acostumbré a su presencia ociosa, pasaban las horas sin decir nada, los veía caminar tomados de la mano como dos enamorados por el jardín, aunque siempre se despedían cuando atravesaban la puerta de la habitación de don Eliseo.

Después del susto que me propinaron la primera vez, me habitué a ellos con suma rapidez y creo que realmente aprendimos a convivir como familia después de sus muertes. A nadie, hasta ahora, revelé la presencia de mis padres en aquella casa, ya demasiados enigmas había como para añadirle uno de mi vida personal.

Había algo en la solitaria muerte de mi madre, en sus palabras enigmáticas y en su estilo de vida, que me llevaron a odiar su presencia. Cuando murió mi padre ella no derramó una lágrima y eso me hizo distanciarme más de ella. No entendía por qué se comportaba de esa manera con el único hombre que le había soportado su temperamento de fuego y sus misterios infranqueables. Pero, curiosamente, fue después de sus muertes que los observaba más unidos y me aventuraría a decir que enamorados. Mis padres no tenían hora de llegada, pues aparecían en cualquier lugar de la casa y no importaba que don Eliseo o su hermano estuvieran allí. En varias ocasiones me pareció que miraban con expresión de reproche a mi patrón, pero igual, siempre terminaban por desaparecer tranquilamente por los muros o la puerta de su habitación.

Recuerdo que por poco derramo la sopa en los pantalones de don Eliseo cuando por primera vez vi a mis padres sentados a la mesa cerca de mi patrón. Una expresión de lívido pánico debió recorrer mi rostro, porque él me preguntó que si estaba bien y me percaté de que solo yo veía ese par de viejitos enamorados que compartían la mesa tomados de la mano. Nunca más volvió mi madre a golpear a mi padre y, debo añadir, para fortuna mía, tampoco a mí; hubiera sido el colmo que continuara propinándome pellizcos después de su muerte.

Las horas se sucedían en constante monotonía, a un día lo perseguía otro y lo asesinaba más tarde una semana que pronto era engullida por un mes ávido de nostalgias ajenas. Día a día me carcomía la curiosidad de saber más sobre la familia de mi jefe, pero me abstenía de preguntar a don Eliseo ya que su hermano Mario había sido muy enfático en que no se debía mencionar el nombre del tercer hermano. Por otra parte, ante el hermetismo de mis padres decidí no hablarles, me conformaba con verlos por ahí revoloteando como dos golondrinas enamoradas por la casa.

En el primer aniversario de la muerte de mi madre —fue don Eliseo quien me recordó la fecha— sucedió algo muy extraño, pero agradable para mí, aunque fue ese tipo de cosas muy inusuales de las que te arrepientes toda la vida. Justo al regresar de comprar las verduras, escuché la voz de una mujer proveniente de la cocina que tatareaba una alegre tonada, me acerqué con los paquetes en la mano y pude verla preparando un aromático café. Giró sobre sus talones y me dedicó una rápida y cálida sonrisa al tiempo que me ofrecía uno. Enseguida se presentó con un afectuoso apretón de manos y su nombre que se quedó impreso con sangre en mi alma: —Carmen —fue todo lo que me dijo.

Observé el viejo portón que daba al patio de atrás entreabierto y la cálida brisa que entraba por él mezclando tres olores que jamás se borraron de mis sentidos: el aroma del café, el suave aire de la eterna primavera y un perfume de azucenas que emanaba insistente del cuerpo de aquella mujer e invadía la cocina.

Su rostro parecía tallado por orfebres griegos: era una joven encantadora y coqueta, finamente vestida con una blusa blanca de encajes y una bella falda de estilo español que le daba un toque de dama de novela quijotesca; una bella cascada azabache bañaba sus hombros tímidamente, ya que estaba sujeta por una cinta de terciopelo negro. Tenía una llamativa gargantilla en forma de luna enlazada por una fina cadena de plata acariciando su cuello, realmente era una media luna de esas que permiten deducir que otra persona tiene la otra mitad.

De inmediato la asocié con la familia de don Eliseo, sus finas facciones presentaban los hoyuelos que había visto en los dos hermanos y para mí era innegable que debía ser de la familia. Bella mujer, refinada y segura de sí misma, sin embargo, la envolvía un constante halo de nostalgia que tardaría mucho en develar. Me dirigí a cerrar el portón de atrás pero ella me pidió que lo dejara abierto; me dijo que la brisa era perfecta a esa hora del día y agregó que el aroma de eucalipto era algo digno de apreciar y recordar.

Nos sentamos en el comedor principal y su sonrisa nacarada me embrujó. Era una joven muy educada, tendría veintitrés o, como máximo, veinticinco años; de esas a las que a mi madre le hubiera gustado ver casada conmigo. Pero, a pesar de los rasgos de diosa del Olimpo, estaba de por medio que la había acabado de conocer y que, tal como me lo confirmó, ella era sobrina de don Eliseo, en pocas palabras; dinero de otro banco, manjar prohibido, aunque siempre pensé que había algo mágico en las mujeres prohibidas.

Charlamos un par de horas, y entre café y café, se escurrió el tiempo. Me quejé, haciendo uso de mis más rudimentarias dotes de galán, por el descuido de que no frecuentara aquella casa más asiduamente; ella se desató la cinta de su cabello y con un tono de coquetería que me heló el alma, encendió mis pasiones en un segundo. Su gargantilla, en forma de luna se iluminó, en ese momento ya ella me había explicado que era un recuerdo familiar que se había convertido casi en su amuleto.

—¿Podría saber quién tiene la otra mitad de la luna que tienes en el cuello, si no es mucha intromisión? —le pregunté.

—Mi padre, él siempre la llevaba consigo a todos lados, igual que yo —me respondió, mientras me obsequiaba una de esas sonrisas que solo había visto en los modelos de la televisión. Luego, me hizo una petición:

—Sabes que mi padre y mi tío no se la llevan bien, pero esta sigue siendo también mi casa, por eso te pido que no le digas a Eliseo que estuve aquí. De esa manera, le ahorraremos un disgusto y yo podré volver a visitarte sin problemas. Si me prometes que lo harás, yo te doy mi palabra de que siempre estaré contigo.

Me quedé idiotizado ante aquella promesa y le hubiera prometido hasta mis sábados, solo por volverla a ver. Me dijo que le gustaba entrar por el portón del jardín y no por la puerta principal, en honor a una vieja tradición familiar que no quiso revelarme. Si eso dependía de mí hubiera podido entrar por el techo con tal de que volviera a ver su sonrisa en flor y su cuerpo de amazona.

Mis padres nunca se presentaron cuando ella estaba en casa, ventaja para mí que, aunque estaba acostumbrado a ellos, no me hubiera gustado que vieran el semblante idiotizado que yo mostraba cuando hablaba con Carmen.

Luego de esa primera vez que la vi, al caer la tarde, mi corazón aún bullía de inquietud por la presencia de la enigmática joven y por sus palabras, pero cuando llegó don Eliseo me tragué mi curiosidad por conocer los orígenes de sus problemas familiares, a mí no me interesaba que no se hablara con uno de sus hermanos, siempre y cuando pudiera volver a ver a su sobrina.

En efecto, volví a ver a Carmen muchas veces, ella siempre

se presentaba sin previa cita, entraba a la hora que ella quería y se convirtió en un aliciente para mi vida monótona y gris en aquella casa. Siempre se las arreglaba para llegar cuando mi patrón no estaba, y aunque invariablemente fue muy parca en sus apreciaciones o comentarios sobre su familia, me reprochaba mi posición con respecto a la memoria de mi madre y en más de una ocasión me reprendió cuando le decía que estaba mejor sin ella.

Mi desarraigo con mis padres provenía de la enseñanza de mi madre, a ella siempre la vi apartada de toda su familia y eso fue lo que indirectamente me transmitió, claro que cuando ella empezó a vivirlo en carne propia, ahí sí, yo era el culpable y el hijo desalmado. En el caso de Carmen era distinto: ella sentía una admiración reverencial y casi mística por su padre, gracias a ella, pasábamos horas debatiendo sobre la importancia de la familia y hasta llegué a sentir remordimiento por haberme comportado tan frío con mi madre, así como dolor por haber sido educado sin los más mínimos valores de amor y unión familiar.

Fue a partir de esos diálogos con Carmen que empecé a dejar vasos de agua fresca en el jardín, en alguna oportunidad escuché a mi madre, en vida, que a las ánimas en pena se les debía ofrecer agua, y aunque no estaba seguro de si mis padres estarían en ese estado, ya que parecían estar muy bien juntos, decidí, de todos modos, ofrecerles agua diariamente. Para mi sorpresa, el agua desaparecía sin falta día a día, aunque jamás vi a mis padres beberla.

Carmen y yo nos hicimos muy buenos amigos, tal vez era la única persona en la que confiaba y con la que me gustaba pasar las horas. Debo aclarar que no fue fácil sacar su bello cuerpo de mi mente, para que ello no alterara nuestra amistad, pero lo conseguí. El miedo a propasarme con alguien tan inteligente, delicado y cercano a mi patrón me hizo alejarme de la idea de mirarla con los ojos lascivos con que solía observar a las mujeres. Pero ella me ayudó mucho, ya que su compañía fue remanso de paz para mi alma.

Un tema que a Carmen parecía interesarle mucho fue,

casualmente, el que más me llamaba la atención a mí: don Eliseo. Aunque al principio parecía mostrarse incómoda cuando le preguntaba sobre su vida íntima y sobre el pasado, accedió a contarme todo lo que sabía y me sugirió que tal vez era yo quien debía indagar por mi cuenta sobre las finanzas de su tío, ya que ese era el origen de todo. Me dijo que debía tener cuidado, porque esa historia del dinero producido por una hacienda cafetera era una patraña traída por los cabellos.

En una de las tantas veces que Mario visitó la casa, le pregunté sobre la vida de su hermano Carmelo y me respondió con un tono fúnebre en su voz:

—A veces es mejor no saber nada, muchacho —y continuó organizando uno de los libros de cuentas que, semana tras semana, le dejaba don Eliseo y que, curiosamente, eran libros de contabilidad distintos de los que yo había seleccionado con anterioridad. Pero eso, como muchas de las cosas que por aquella casa pasaban, debía tragármelas, si quería continuar con mi empleo.

Cerradas todas las vías de información por parte de sus tíos, no me quedó otra alternativa que conformarme con sustraerle información a Carmen, pero ella era muy hábil en el momento de cambiar una conversación.

El día que le pedí que me hablara del motivo de la pelea de su padre con don Eliseo, ella se puso seria y reflexiva, una tierna lágrima bañó sus mejillas y una nube de inquietud cubrió sus ojos. Sorbió con calma su café y me respondió:

—Paso por paso. Primero debes encontrar la procedencia del dinero de mi tío y entrar en ella. Una vez adentro, podrás entender por qué nuestras familias se distanciaron. Yo podría decírtelo sin más preámbulos, pero también tú debes aprender, todos debemos hacerlo. Un simple detalle puede cambiar el mundo de una persona, recuerda que tal vez debas empeñarte más para hallar las respuestas y, de paso, ayudarme a desagraviar mi dolor.

A partir de esa conversación, comprendí que Carmen deseaba ayudarme a saciar mi curiosidad y puse todo mi empeño en encontrar la manera de solucionar aquel enigma, así la ayudaría a ella, con lo cual, tal vez obtuviera un beneficio por partida doble: un dinerillo extra y quizás algo más...

Qué deliciosa mujer, qué halo de misterio envolvía cada palabra pronunciada por sus labios de nácar. Era un placer exquisito escuchar sus frases oscuras que cada vez más se convertían en acertijos indescifrables. Ese toque de sigilo, de extraño misticismo, era el mundo de secreto que le daba el sabor a mis días en aquel caserón. ¡Qué estúpidos son los que rehúyen las garras de la sorpresa! Cada día en aquella casa se convirtió para mí en una desaforada búsqueda del tesoro, de ese recóndito secreto que pululaba en cada rincón, esos misterios eran mi diaria adrenalina. Bella sensación de profundas incógnitas por resolver, ella se convirtió en mi maestra, con ella aprendí más cosas de las que jamás habría imaginado y por ella me enlodé hasta el fondo con la sangre de un ser humano.

El día que descubrí una posible pista de los orígenes del dinero de don Eliseo llovía a cántaros sobre mi ciudad dormida. Su habitación no tenía ninguna ventana, yo ya estaba acostumbrado a ver una puerta contigua a su armario. Dicha puerta estaba clausurada, en todo el tiempo que llevaba allí, nunca se abrió, al menos frente a mí. El día al que hago alusión fue de los pocos que entré sin estar don Eliseo en ella.

Desde el principio mi imaginación voló en torno a aquella puerta: era de roble, tenía siete aldabas debidamente cerradas y un par de pequeñas pero gruesas cadenas. Me mordía la lengua por preguntar hacia dónde conducía, pero en mi memoria quedó la expresión de furia de don Eliseo cuando le pregunté al respecto durante la primera semana de trabajar allí. Me miró con ojos desorbitados, inyectados de furia, y justo cuando pensé que me daría una extensa cátedra sobre cómo no meterse "en lo que no te importa", me dijo con cólera contenida:

—Nada que te incumba.

Su respuesta fue lacónica, pero el castigo, ejemplar, ya que me prohibió ver la televisión por un mes y me impidió salir a disfrutar de mis días libres durante dos sábados consecutivos. Aprendí la lección y siempre que estaba en su habitación hacía como si la misteriosa puerta no existiera.

Invariablemente, hasta cuando cambiaba las sábanas o limpiaba el cuarto, él permanecía expectante en la habitación, pero esa noche se encontraba demasiado enfermo como para caminar más de la cuenta. Llevaba dos días con un fuerte catarro y se sentía débil. Le había preparado un té caliente con miel y limón y él, obstinadamente, quería quedarse en el comedor principal escribiendo una carta. Me pidió que fuera a su habitación y le trajera su agenda.

La habitación de don Eliseo era oscura y espaciosa como las fauces de una fiera, todo allí emanaba un aire turbio, tardé muchos años en descubrir de dónde provenía el eterno, omnipresente aroma de eucalipto que bañaba la casa y, en especial, colmaba su cuarto.

Su cama parecía un altar gótico hecho con madera de roble y la sencillez de su entorno contrastaba con los exquisitos grabados de la cama. Un par de baúles con doble cerradura y un armario siempre cerrado completaban la decoración del lugar. No eran ni los cofres, ni el armario, ni las gavetas —siempre cerradas— las que llamaban poderosamente mi curiosidad; era una pequeña caja de seguridad empotrada en la pared cerca de la cama, claro que más que en la caja fuerte mi mirada se detenía en los finos tallados de plata de un sagrario que estaba sobre ella. Había observado los sagrarios tantas veces cuando asistía con mi madre a misa que eran ya inconfundibles para mí, la pregunta que brotaba de mi cerebro era cómo había ido a parar un sagrario a aquella habitación. Estaba cubierto con un llamativo paño amarillo que tapaba la mitad de la caja.

Entré a su cuarto y, si bien entraba a un lugar que ya conocía bien, la sensación de no tener los ojos de mi patrón sobre mí hacía de aquel momento algo diferente: me sentí pisando un terreno misterioso, era como pisar un santuario de reliquias en un mausoleo macabro con la pesadez de mil cadenas atando mi cuerpo. Me dirigí a su mesa de noche y tomé su agenda de cuero al tiempo que mis ojos resbalaban por casualidad sobre un grueso libro de cuentas que jamás había visto en la casa, rápidamente, eché una ojeada a la página que estaba abierta y en mi mente se grabó la única dirección que tuve tiempo de leer: "Centro comercial Camino Real n.º 19".

Salí apresuradamente de allí y encontré a mi jefe dormitando sobre la mesa, se sobresaltó con mis pisadas y farfulló algo desde su delirante fiebre que no entendí. Me agradeció su agenda y me dijo que podía retirarme a dormir. Esa era otra de las cosas extrañas de aquella vieja casa, el trato de mi jefe era como el de un antiguo caballero medieval. En mi casa me mandaban a dormir o sencillamente me pedían que me largara, pero en casa de don Eliseo uno se retiraba a sus aposentos.

Aquello fue un miércoles en la noche, y no sabría explicar la curiosidad y ansiedad que sentí durante esos días hasta que llegó el sábado. Para colmo, Carmen no vino en toda la semana para aquietar mi ansiedad. Había planeado todo tipo de posibilidades a sortear, ya que no sabía a qué me enfrentaría, pero de lo único que estaba seguro era de que ese sábado iría al centro comercial para buscar alguna pista de lo que hacía mi jefe, o tal vez para enfrentarme con la famosa y misteriosa hacienda La Carmelina, tras las puertas de algún local en el citado lugar.

El viernes precedió al infaltable sábado, no sin antes dejar una muestra de insomnio en mi rostro, ya que casi no pegué los ojos aventurándome en mil conjeturas sobre cómo sortear el asunto de meter las narices donde tanto mi jefe me había amenazado para que me abstuviera de hacerlo. Varias veces me pareció sentir a Carmen entrar por la puerta de atrás y me imaginé su cuerpo metiéndose furtivamente en mi cama. Mas solo la soledad y la ansiedad bañaron mi lecho.

Llegó ese sábado y estaba decidido a no perder tiempo en ir a los bares a buscar a mis amigos, para mí era de vital importancia ver qué había en el número 19 del centro comercial Camino Real.

Un viejo bus de servicio público exhaló un suspiro de condenado al dejarme cuatro bloques antes del famoso y recién construido centro comercial, mis pies me llevaron hasta allí, mientras mi mente divagaba en conjeturas. Muy posiblemente me encontraría con una oficina de la hacienda que don Eliseo nunca quiso que yo conociera o tal vez era un almacén de insumos agrícolas. O, a lo mejor, era una simple cafetería donde se vendería el producto terminado de la finca: un suculento y humeante café.

Era tal mi excitación que no me percaté de tener precaución con los taxistas, que te envestirían en un descuido solo por el deporte de ser más veloces que los demás, o de la creciente guerra de centavos que tenían pactada los conductores de buses urbanos.

El centro comercial Camino Real estaba ubicado en pleno centro de la ciudad y era uno de los emblemas arquitectónicos de la metrópoli, exhibía opulentos anuncios de neón que empezaban a ganarle el terreno a la luz natural. Cuando entré allí serían las once y treinta de la mañana y aunque el lugar estaba atestado de personas, yo sentía como si todas me conocieran y me miraran directo a los ojos; me sentí sucio, impúdico, en aquel mar de seres en busca de buenas oportunidades comerciales o de clandestinas citas a plena luz del día.

Caminé por espacio de media hora, fundiéndome, mezclándome con la gente, haciendo parte de esa amalgama de almas en loca algarabía, poco a poco, recuperé la calma cuando una vendedora ambulante me tomaba del brazo y me retenía para que entrara a medirme un par de zapatos. Me solté de aquel truco como mejor pude y empecé a buscar en ese enjambre de nomenclaturas y nombres exóticos el número 19.

Varias veces tuve que cerciorarme de que el número era el correcto. Ante mí, en el número 19, no se hallaba la oficina de una hacienda cafetera ni siquiera una cafetería o un almacén de insumos agrícolas. Mis ojos no podían creer lo que veía, en el número 19 estaba ubicada una sucursal de la funeraria "El Redentor".

No comprendía nada. Mis pasos me llevaron hasta allí, pero mi mente me abandonó. Ni idea de qué podría significar aquello, y de la misma manera pensé cuando fui interrogado por uno de los empleados pulcramente vestido con traje de levita y palidez de cadáver insepulto.

—¿En qué le puedo ayudar?

Al terminar de pronunciar esa frase yo estaba dentro de una mar de sudores y dudas. Carraspeé y respondí lo primero que vino a mi mente.

—Vengo de parte de don Eliseo —dije, y creo que el color de mi rostro en ese momento seguramente iba bien con un catálogo de los que ellos tenían para exhibir ataúdes.

Para mi sorpresa, el hombre me contestó con la mayor naturalidad del mundo.

—Ya enviamos el pago a la 27 del Abasto —y dio media vuelta, sin darle importancia en lo más mínimo a si yo había entendido o no.

Salí de allí con la cabeza echando humo. Necesitaba un descanso y me senté a exhalar un suspiro, sentía que lo que había acabado de hacer era de suma importancia, pero lo habían tomado tan a la ligera que empecé a pensar que probablemente me había excedido en consideraciones extremas con el asunto de los negocios de mi patrón y quizás me estaba preocupando por cosas insignificantes. A lo mejor ese número estaba en su agenda, porque él pagaba su funeral a plazos, pensé, pero deseché la idea enseguida porque mi jefe tenía demasiado dinero como para tener que pagar su propio sepelio a crédito, además, estaba la extraña respuesta del empleado de la funeraria.

Entré en el primer restaurante que encontré y pedí un café, necesitaba tiempo para recapacitar. Fue allí donde analicé la respuesta del empleado y comprendí que, tal vez y siempre en el horizonte de mis suposiciones, El 27 de Abasto se tratara de la central mayorista o zona de abastos, que estaba ubicado en el extremo de la ciudad. Por prudencia o temor decidí postergar mi viaje hasta allí, lo haría la semana siguiente, por ese sábado ya habían sido suficientes las emociones fuertes. Así que me fui a buscar a mis amigos del bar Unión donde compartí hasta las seis de la tarde. Con un poco de suerte Carmen aparecería por allí y me sacaría del embrollo que se estaba formando en mi cerebro. No llegó.

De regreso a casa valoré los riesgos de mi incursión en el centro comercial: ¿y si el empleado me delataba o sencillamente don Eliseo se enteraba de que estuve allí?, el riesgo era demasiado alto y decidí esperar hasta ver la reacción de mi jefe durante la entrante semana.

Día a día analizaba cada gesto, cada mirada de mi patrón, con la intención de encontrar alguna muestra de duda o el más mínimo gesto de reproche, pero no sucedió. Don Eliseo se consumía cada vez más en su melancolía y silencio. La semana transcurrió sin altibajos y en mi mente solo estaba la idea fija de ir a ver qué negocio había en la Central Mayorista de Abastos número 27.

Finalmente, llegó el sábado con un sabor a misterio que empezaba a percibir a cada paso que daba dentro o fuera de aquella casa. Debí tomar dos autobuses para llegar, de una vez, en medio de una cálida mañana, a la central mayorista ubicada en el sector de Guayabal.

La cantidad de camiones, hombres y perros que pululaban en el sector era proporcionalmente exacta y por cada uno de ellos había un ejército zumbante de mil moscas en militar conjunción. Caminé cerca de una hora, hasta hallar el galpón 27 de aquel centro de abastos donde llegaban de todas partes del país desde insumos agrícolas hasta elementos de aseo. Era un espacio tan grande que en sus calles solían hacer las más variadas apuestas: desde carros de rodillos hasta vehículos de motor o motocicletas, además, no faltaban los borrachos que procuraran ganarse unos pesos extras poniendo a correr apaleados y enclenques perros los viernes al atardecer.

Por fin llegué al número 27 y respiré profundo. Se trataba de una distribuidora de cebollas, el olor me recibió con los brazos abiertos y mis ventanas nasales daban fe de que mis ojos no se equivocaban, allí no había nada que se relacionara con una agencia mortuoria o una hacienda cafetera. Me propuse esgrimir la misma artimaña del sábado anterior cuando se me acercó un hombrecillo cubierto de sudor agrio a preguntarme:

—¿Qué se le ofrece?

—Vengo de parte de don Eliseo —dije.

El diminuto hombre me miró como si fuera un extraterrestre y arqueó sus pestañas en señal de duda. De sus labios se escapó un ¿ah? que me pareció más de burla que de pregunta. Me quedé allí plantado sin saber qué hacer ni qué decir, hasta que pasó por allí una chica con un portafolio negro en su mano derecha y una taza de alguna bebida en la otra y me salvó del *impasse*. El hombrecillo sudoroso le repitió lo que yo había dicho y ella me miró de soslayo sin prestarme mucha atención.

—Ya hicimos el envío a la prendería —me contestó con gesto aburrido.

Sabía que el que estaba dando era un paso decisivo, pero no podía darme por vencido en aquel momento, máxime cuando me trataban como si el asunto careciera de importancia, y justo en el momento en que la joven giraba sobre sí para marcharse, lancé mi última carta.

—¿A cuál de todas? —me escuché decir con un hilo de voz que luchaba por no partirse en pedazos.

—A la de siempre, a La Exacta —me respondió la mujer, dedicándome por primera vez una mirada inquisitivamente curiosa.

Agradecí tan rápido como pude y desaparecí de allí en un segundo que me pareció eterno.

Ahora no era solo el hombrecillo de la distribuidora de cebollas quien sudaba, yo estaba bañado en un sudor frío ante mi osadía. Ese día no hice nada más, no lograba concentrarme en nada, así que decidí regresar a casa más temprano de lo habitual.

El lunes en la tarde don Eliseo me lanzó una pregunta que contenía demasiada inquietud como para dejarla pasar desapercibida.

—¿Sabes dónde venden los mejores productos, a mejores

precios? Yo creo que, en la Central Mayorista de Abastos, ¿no opinas lo mismo? Deberíamos ir juntos uno de estos días.

Por poco derramo el café que le servía y tuve que hacer mucho esfuerzo por no soltar mi lengua en una danza de explicaciones que ni yo mismo creería.

En la ciudad estaban en boga las compras al por mayor, lógicamente, las personas de bajos recursos estaban excluidas, ya que la difícil situación económica de la mayoría de los empleados de clase baja los obligaba a utilizar las compras al detal y, por lo regular, en pequeñas tiendas que a su vez se abastecían del mayoreo, para luego vender a precios astronómicos los productos de la cada vez más lejana y volátil canasta familiar. Y no contentos con ello, los comerciantes echaron mano a la vieja artimaña del robo disimulado, puesto que las pobres amas de casa se veían obligadas a pedir fiado los artículos cuyo valor real el propietario de la tienda inflaría hasta el cansancio. Así las cosas, cuando los atribulados compradores iban a cancelar o abonar su deuda, se encontraban con huevos que jamás comieron, café que nunca disfrutaron, azúcar que en absoluto saborearon o papel higiénico que ninguna vez utilizaron.

Si la pregunta fue al azar, si solo se trató de una exclamación ante la creciente ola de precios de la canasta familiar, no me quedó certeza al respecto, pero lo que sí estaba claro es que debía ser más cauteloso si quería enterarme de los negocios de mi patrón.

Ya tenía otro dato más en aquel enmarañado ajedrez de pistas inconclusas. El nombre de una prendería que no tenía la menor idea de cómo encajaba en aquel laberinto que se formaba en mi mente.

Durante toda la semana soñé con funerarias, distribuidoras de cebollas gigantes y prenderías donde coleccionaban mis propios huesos. Debía calmarme, ya que los nervios estaban haciendo mella en mí hasta hacerme llegar a extremos delirantes, bastaba que don Eliseo se quejara porque yo le había echado mucha cebolla a la sopa para que empezara a imaginarme que me había descubierto inmiscuyéndome en sus asuntos.

El comportamiento de mi patrón para conmigo era siempre cortés y distante, pero por aquellos días empezó a hacerme preguntas demasiado curiosas, con respecto a mi difunta madre. Todo en mi alma bullía como un volcán de dudas, puesto que yo solo quería saber si mis dotes de investigador improvisado me llevarían a buen puerto y no sabía cuáles eran las intenciones de don Eliseo al preguntar por mi madre.

La Exacta era una de las prenderías más famosas de la ciudad, todos mis amigos albañiles y yo, en algún momento de nuestras vidas, nos vimos obligados a acudir a aquella o a cualquiera de las muchas casas de cambio a las que pronto se les dio el nombre de "prenderías". Allí iban a parar muchas de las herramientas de nuestro trabajo: martillos, serruchos o simples pinzas. Era en esos lugares donde las personas de bajos recursos, así lo creía por aquel entonces, debíamos buscar una solución rápida a cualquier emergencia. En aquellos lugares se depositaban, a veces para siempre, los sueños de muchos de los habitantes de aquella ciudad creciente. Claro que estaban en primer orden los alcohólicos que podían empeñar hasta la argolla de compromiso de su madre con tal de tener dinero para lanzar algún licor a sus gargantas.

Se podían encontrar casi de todo entre sus estantes, las prenderías eran pequeñas morgues donde se morían de tedio instrumentos musicales, herramientas, joyas, y cuanta cosa pudiera eventualmente ser de recuperable valor. Todos fuimos alguna vez a empeñar una prenda con la intención de subsanar alguna imperiosa necesidad y el firme propósito de regresar por ella en cuanto se tuviera el dinero para recuperar el objeto dejado allí. Pero al salir del lugar, un extraño color en las mejillas nos invadía a todos por igual, nos despedíamos de nuestras joyas familiares o herramientas como quien da sepultura a un ser querido, y aquí la diferencia era que lo dejábamos sin santa sepultura, con una etiqueta colgando de algún lugar como si fuera la información contenida en la ficha de un cadáver, en el dedo del pie y con olor a silencio.

Por supuesto que sabía de cuál prendería se trataba, era la

más grande y la de más afluencia de personas necesitadas. Se rumoraba que si algún objeto se perdía en la ciudad, no había que ir a buscarlo a la policía, bastaba darse una pasadita por La Exacta y con certeza allí se encontraría. Y es que era aquella una de las prenderías preferidas por asaltantes, prostitutas y apartamenteros, ya que una de las principales *bondades* de sus propietarios era no exigir ningún documento que certificara la calidad y procedencia del artículo dejado en prenda.

Si todo me llevaba a pensar que mis insípidas pistas se cerraban en dicha casa de cambio, ¿cómo encajaba mi patrón con aquel antro de mala reputación?

Vi de nuevo a Carmen el martes de esa semana y volvió a instarme para que no desfalleciera, me recordó: "Paso por paso" y tomó mis manos con dulzura. Me dio la impresión de tomar la mano de alguien que no desea que desfallezcas en medio de un torrencial río. Ella, sus palabras, su voz y misterio me animaron a continuar indagando.

El sábado siguiente, y en medio de un torrencial aguacero, me senté a tomar un café en el bar Altamira, ubicado justo frente a la entrada de la prendería La Exacta. No sabía qué esperaba encontrar, ni qué debía hacer. Me dediqué a observar la entrada, tal vez viera llegar a don Eliseo y eso aclararía mis dudas.

No tenía idea de cuál era el paso a seguir. Desde mi ubicación podía contemplar las vitrinas abarrotadas de instrumentos musicales, herramientas, relojes y variados utensilios de cocina. Todos exhibían su *certificado de defunción*, ya que los que se colocaban a la vista del público eran los que estaban a la venta, sus antiguos clientes ya los habían perdido por exceder el plazo pactado. Las rejas metálicas hacían un extraño conjunto con el cristal de los mostradores y tras ellas se veía una pared de cristal translúcido, cualquier persona podría estar allí, pero no se podía ver hacia adentro.

Un café siguió al otro y yo no me atrevía a entrar allí. La cantidad de personas que vi entrar a la prendería me dejó abismado, era una correría de seres en busca de cualquier precio por un electrodoméstico o reliquias familiares. El tiempo se me escurría observando la entrada de la prendería y dejaba fluir los minutos sin un plan. No lo necesité, ya que una linda jovencita se acercó y me ofreció un café. Al principio pensé que se trataría de una de las empleadas del bar, pero estaba demasiado bien vestida como para trabajar allí, además, con tanta ropa encima no habría podido hacer carrera en un lugar como aquel. Miré mi taza de café sin terminar y no tuve tiempo de preguntar quién había enviado aquel café, pues yo no lo había pedido, cuando la joven me dijo:

—Tómese este cafecito, que si ya llegó hasta aquí, no tiene sentido esperar más —me aseguró.

La elegante mujer depositó la taza de café sobre mi mesa y salió por la puerta, cerciorándose de que la estuviera mirando cuando saliera. Me quedé petrificado. La vi entrar a la prendería, y alguien abrió la reja automática que separaba el interior del negocio del resto del mundo.

Un leve temblor empezó a subir por mi mano izquierda y se alojó en mi pecho. Pensé que sería un triste lugar para morir, pero el dolor fue escapándose para dar paso a una arritmia en mi respiración que hacía ver las tazas de café danzando mambo frente a mí. Aquello no podía significar sino que alguien de la prendería me había descubierto. Seguramente don Eliseo estaría detrás de esos vidrios, espiándome, cuando era yo quien pretendía espiarlo a él. ¿Qué hacer?, era obvio que me había sorprendido fisgoneando y dar marcha atrás sería más cobarde que el mismo hecho de meter mis narices donde me habían advertido que no lo hiciera.

Ya había pasado mucho tiempo desde que había dejado mi antiguo empleo y no me emocionaba la idea de volver a trabajar de albañil. Pero quedaba una salida, por lo menos así la percibí en las palabras de la mujer que me llevó el café: ¿qué sentido tenía esperar más?

Bebí los dos cafés como quien bebe cicuta y me dispuse a cruzar la calle. Un limosnero me propinó un susto de mil demonios cuando tocó mi pierna. Estaba tan decidido a encarar mi destino que por poco tropiezo con su pierna llena de pústulas y su tarro de limosnas. Tomé aire y al llegar a la entrada de la prendería me percaté de que no había renovado el aire de mis pulmones y un fuerte silbido salió de mi boca.

Ahora nadie estaba allí. La prendería era un gigante armario abierto con cientos de artículos sonriendo mudos a los transeúntes. Parecía que todo el mundo se hubiera confabulado para dejarme solo en aquel trance. La joven que me llevó el café ya no se veía por allí y no sabía cómo reaccionar, así que hice lo que cualquier persona hubiera hecho: me paré frente a los cristales y me dediqué a observar la multitud de objetos allí exhibidos en espera de que alguien me atendiera. Nadie salió en mi ayuda. La puerta de cristal no se abrió y pasé los cinco minutos más largos de mi vida frente a aquella reja.

Era, a todas luces, una prueba de mi valor; quienquiera que me hubiese enviado el café estaba esperando a que me pudriera de pánico y saliera de allí corriendo. Y lo hubiera hecho, pero el temblor en mis piernas no me lo permitió, ya que amenazaban con no sostenerme en pie. En el último momento, cuando disimulaba observando un saxofón en la vitrina, vino en mi ayuda el recuerdo de Carmen y decidí hacer exactamente lo contrario de lo que yo deseaba.

Segundos después de haber tocado la campanilla que había sobre una de las vitrinas de cristal, se abrió la puerta de vidrio y salió la misma joven que momentos antes me ofreciera el café. Sin sonrisas ni presentaciones inútiles me abrió la reja metálica y, en silencio, me invitó a entrar. Di las gracias con un nudo en la garganta y me aventuré a encontrarme con otro de los elementos misteriosos de aquel día.

La joven cerró la puerta tras de mí y me quedé de pie, otra vez sin saber qué hacer. El salón estaba iluminado por lámparas de diferentes tipos que le daban una apariencia de casa de fantasmas, pues las más variadas formas de bombillas y faroles proyectaban una luz mortecina sobre los armarios y gavetas que cubrían el salón. Me tomó tiempo adaptar mi vista a tanta luz, y cuando lo hice, encontré la sonrisa abierta y la panza prominente de don Mario dándome la bienvenida tras una montaña de papeles diseminados sobre un añejo escritorio metálico de color gris.

La sangre dejó de fluir por mis venas, estoy seguro de ello, porque un sopor en la vista y un calor en las mejillas me decía que había llegado la hora de despedirme de mi empleo. Pero, contra todos mis pronósticos, don Mario me invitó a sentarme en una de las dos sillas que estaban frente a su escritorio atiborrado de papeles y calculadoras. Frente a nosotros estaba la pared de vidrio y no pude menos que sonreír con tristeza, al comprender mi mala suerte, ya que desde aquel lugar se veían perfectamente y de forma directa las primeras mesas del bar en que había estado sentado momentos antes.

Un tenso silencio envolvía la sala repleta de teléfonos, máquinas de escribir, calculadoras, carpetas, papeles, archivadores y sudor condensado. No tenía la más mínima idea de cómo romper aquel silencio, pero don Mario me resolvió el dilema.

—El café de aquel bar donde estabas no es tan bueno como el que hace nuestra secretaria —señaló de forma burlona.

Afortunadamente no tuve que responder de inmediato, porque cuando me estaba aclarando la garganta para disculparme se abrió la puerta y llegó la misma joven con dos tazas repletas de humeante café negro que depositó sin palabras en el único espacio libre que tenía el escritorio. Antes de que se retirara, don Mario se levantó de la silla con dificultad y le pellizcó las posaderas a la joven, quien, risueña, le acarició a su vez la enorme panza de ballena. El jueguito entre los dos disipó un poco mi tensión y pude respirar más aliviado.

Cuando la joven se hubo ido, don Mario me dirigió una mirada cómplice y vivaz y me preguntó:

—¿Me decías?

De nuevo sentí un nudo en la garganta y solo me aventuré a mascullar un tímido:

—Perdón.

Don Mario sorbió con calma su café sin quitarme los ojos de encima. A veces me parecía encontrar una mirada complaciente y casi aprobatoria, y en algún momento el humo proveniente de su tasa desfiguraba su rostro en lo que parecía una mueca de desprecio. Bebimos con calma; ya no tenía nada que perder, así que decidí relajarme y, en efecto lo hice al escucharlo hablar.

—Mira, muchacho, ya llegaste hasta muy lejos. Personalmente jamás pensé que lo harías. Desde que te conocí, en casa de mi hermano, lo felicité por su elección. Me parecía que tenías el porte preciso para ser la persona que necesitábamos: alguien sin aspiraciones, pero inteligente y sumiso, que no hiciera preguntas.

Por unos segundos la mirada de don Mario se perdió en busca de las piernas de su empleada, y luego continuó su discurso sin prisas.

—Es obvio que nos equivocamos y ataste algunos cabos sueltos para llegar hasta aquí. Yo soy quien debe reprocharte por haberte dejado guiar por la curiosidad, porque en varias oportunidades te advertí que es mejor no saber, que tal vez es mejor no indagar ni meter las narices donde no te incumbe. En lo personal, esa siempre ha sido mi forma de ver la vida… Pero ya que llegaste hasta acá, solo veo dos alternativas: dejarte seguir tu camino lejos de nuestros negocios o inmiscuirte en ellos. Por ahora solo puedo decirte que lo mejor es que regreses a casa, ya me encargaré yo de hablar con Eliseo y veremos qué piensa él.

Abrí la boca para recurrir a alguna disculpa o para estructurar cualquier historia convincente, pero mis labios se empezaron a desfigurar, formando ese gesto de niño mimado que tanto reprobada y enervaba a mi madre, así que preferí mantener la boca callada. Don Mario no se levantó de su silla y se despidió de mí con cortesía, sacándome de allí con la misma velocidad de quien se desprende de un animal infectado. De camino a casa sonreí ante mi buena suerte y comencé a valorar opciones de respuesta, en caso de que don Eliseo me hiciera un amplio interrogatorio, cosa que, para mi bien o para su mal, no sucedió.

Aquella tarde de sábado la pasé como en trance, sentado en las escalas que conducían al solar de casa. Podía ver la humedad bailar por entre las plantas tras el fuerte aguacero matutino.

Observaba el viejo eucalipto prestar sus ramas para que danzaran con el viento cálido de la tarde. Siempre era un espectáculo contemplar su porte de titán y sus ramas de bailarina. Deseé que viniera Carmen, pero no llegó y no la culpaba, no tardaría en llegar mi patrón y eso me daba una sensación de vergüenza, pues me había puesto en evidencia. Pero, así me costara mi último sueldo, estaba empeñado en preguntar qué relación tenía la prendería con la supuesta hacienda cafetera.

En alguna parte había escuchado a una bella dama de senos prominentes y provocativos, decir que siempre debía hacerme una pregunta: "¿Qué es lo peor que puede pasar?". Y estaba dispuesto a buscar respuestas a tantas dudas, pero no debí abrir mi boca para preguntarlo.

A partir de aquella tarde de sábado comprendería eso y muchas otras cosas que tal vez hubiera sido mejor no entender. A lo mejor, pensándolo en retrospectiva, si me hubiera tragado mi curiosidad no estaría mirando el cadáver de quien fuera mi patrón, pero, al mismo tiempo, me hubiera privado de tener los placeres que me otorgó su legado.

Cuando llegó don Eliseo, con su porte de galán de novela en decadencia, no me saludó. Caminó despacio hasta su habitación y allí se encerró por horas. La tarde caía con un gigante arcoíris bailando sobre el firmamento, que lánguidamente fue extinguiéndose para dar paso a la luz loca de las luciérnagas y al diamantino resplandor de millones de estrellas saltarinas.

Me disponía a irme a dormir cuando escuché la puerta de su habitación abrirse y sus pasos resonaron en mi cabeza como una demoledora en miniatura. Me llamó con calma y me reuní con él en el comedor. Llevaba una de sus levantadoras de seda negra y me invitó a sentarme a la mesa, mientras él mismo buscaba en el gabinete un par de copas de vino. Yo no daba crédito a lo que veía. Él mismo destapó una botella y levantó posteriormente el brazo con un lacónico:

—Salud.

Igual que me sucedió en la mañana con don Mario, no sabía

qué decir, ni cómo actuar ante tan extraña reacción. Bebí con calma, procurando apurar la copa al tiempo que lo hacía mi patrón ya que no estaba habituado al vino y hubiera preferido una simple cerveza fría para apagar la sed de mi ansiedad.

Don Eliseo me escrutaba curioso, era como si me observara por primera vez. Sus ojos indagaban en los míos y pugnaban por entrar más allá de mi temor.

—¿Sabes, muchacho?, siempre he admirado a las mariposas. Son bellas y majestuosas, pero débiles. Y basta mirar su origen para maravillarse ante su esplendor. Una simple larva de aspecto lastimero se envuelve en su capullo, y cuando está lista (no antes ni después), solo cuando está lista, sale a volar convertida en una preciosa mariposa, envidiada por su gracia y colorido —don Eliseo me hablaba sin levantar la voz, casi con respeto—, y cuando me disponía a preguntarle a qué se refería, mis padres llegaron tomados de la mano y se sentaron justo frente a mí. Don Eliseo continúo hablándome sin ver sus caras adustas que parecían estar hurgando en su interior.

—Cuando llegaste aquí por primera vez recordarás que te expliqué que yo le había dicho a tu madre que tenías madera. Vi en ti a un joven ambicioso, pero respetuoso. Logré percibir en ti la mirada de alguien que ansía llegar muy lejos, pero no se atreve a rebelarse contra sus mayores, te faltaba esa chispa que enciende los bríos de cualquier mortal. Desconozco cuál fue el detonante que te hizo reaccionar, aunque debo decirte que esperaba que lo hicieras luego de la muerte de tu madre. Pero te tomaste demasiado tiempo. Ya estoy acostumbrado a tu presencia en esta casa. Eres parte de nosotros y me parece justo premiarte con lo que deseas saber.

Don Eliseo bebió un sorbo de vino y se aclaró la garganta, mientras mis padres se acomodaban en sus asientos como si estuvieran en una función vespertina de cine.

—A pesar de la curiosidad que te movió a indagar por lo que no te importaba, está claro que fuiste astuto, te faltó ser más precavido, pero hay que reconocer que te las arreglaste para averiguar algunas cosas que no tienes la menor idea de cómo funcionan. ¿O me equivoco?

Era la primera pregunta que me hacía y me sentí obligado a responder, pero cuando procuré hacerlo me atraganté con el vino y el color de mis mejillas se confundía con el contenido de la copa. No respondí.

—Lo imaginé —prosiguió don Eliseo—. Las cosas son más sencillas de lo que parecen, muchacho. Voy a proponerte un trato, si decides aceptar puedes quedarte en esta casa y seguir trabajando para mí. Si, por el contrario no te interesa, puedes irte esta misma noche de aquí.

Me revolví incómodo en mi silla. La sola idea de irme me aterraba. ¿Ir adónde? Aquella casa se había convertido en mi único refugio, así que debía seguir sus reglas si quería permanecer allí.

—Es muy simple. Te contaré todo lo que deseas saber y tú te callas la boca. Si por alguna razón desearas contar lo que te diré, sería tu palabra contra la mía, y eso significa que nadie te creería.

Cuando mi patrón terminó se quedó esperando mi respuesta, por lo que, armándome de un valor que estaba lejos de poseer, musité un conciso:

—Sí.

Cuando Don Eliseo terminó de hablar, mis padres se levantaron con mirada recelosa y se despidieron de mí con la mano, mientras desaparecían por la pared de la cocina. Me extrañó que no se hubieran ido por la habitación de mi patrón. Él se fue a dormir y yo me quedé en el comedor intentando procesar en mi acalorado cerebro todo lo que había escuchado ese día y, en especial, en aquella conversación.

El lunes siguiente llegó Carmen con un ramo de magnolias en sus manos. La saludé apresuradamente y la invité a sentarse diciéndole que ya tenía toda la información que necesitaba. Me sonrió con esa manera fresca y jovial que siempre tenía al hablarme y me dijo que ella también estaba ansiosa de escucharme.

Ella misma buscó un jarrón de cristal y lo llenó de agua para colocar las flores al tiempo que me decía:

—Te escucho y te prometo que si tienes la respuesta a todos los interrogantes que nos hemos planteado anteriormente, te entregaré este amuleto que tanto te ha gustado —al hablar jugueteó con la luna que estaba en su cuello y la cadena de plata brilló con intensidad.

—Trato hecho, pero las cosas son tan sencillas que no me considero merecedor de un amuleto de tu familia, de todos modos acá va.

Al comenzar mi relato, su sonrisa se fue extinguiendo como una brasa que antes refulgiera de calor y se apagara por la brisa.

Le conté todo lo que me dijo don Eliseo, así le pude explicar que La Carmelina era un nombre ficticio que tanto él como su hermano Mario le daban a la actividad de préstamo y cambio de artículos en una red de prenderías distribuidas por toda la ciudad, que el nombre que le pusieron lo habían escogido en honor a su desaparecido hermano menor, Carmelo, quien en el momento de su desaparición les donó todos sus bienes, y que disfrazaban sus actividades de prestamistas para evitar ser tratados como especuladores y ser blanco de posibles ladrones.

Me quedé callado, esperando ver la reacción de Carmen y comprendí que algo no andaba bien. Su semblante lucía descolorido y su mirada me envolvía con nostalgia mientras me preguntaba:

—¿Eso es todo?

—Bueno, eso fue lo que don Eliseo me explicó, y hasta me dio la oportunidad de trabajar más cerca en el negocio de las prenderías —dije a manera de disculpa.

—¿Y cómo, según él, desapareció mi padre?

—No lo sé, no me lo explicó —dije, y comprendí que había más hilos sueltos de los que me imaginaba.

Carmen se quedó un par de minutos observando las magnolias y se acercó hasta quedar frente a frente a mis ojos.

—¿Y si mi padre desapareció, por qué no darle los bienes a su hija? Y lo que es peor, si mi padre les donó su dinero y propiedades,

¿por qué se enemistaron con su memoria al punto de que no se pueda ni mencionar su nombre?

Cuando terminó de hacer sus preguntas, colocó sus manos sobre mis hombros y un par de lágrimas luchaban por escurrirse sobre sus mejillas, pero se contuvo y me preguntó:

—¿Tú crees en las palabras de Eliseo?

Recordé que en la noche del sábado habían pasado muchas emociones y preguntas por mi cerebro, pero estaba tan contento de que no me hubieran echado a patadas de allí que me tragué mis inquietudes y enterré mi orgullo con tal de quedarme en aquella casa. Aunque todo aquello parecía una historia demasiado acomodada a los intereses personales de mi patrón y la sarta de posibles mentiras podrían estar escondidas por doquier, me bastó la promesa de un buen aumento de sueldo para cerrar mi boca y, de paso, mi conciencia. Pero ahora que Carmen me hacía las mismas preguntas que en su momento me planteé, sentí que no estaba siendo justo con ella ni conmigo, porque al tratar de buscar la verdad, me dejé comprar en el primer intento.

Tomé sus manos con delicadeza y posé un casto beso en ellas, luego di un par de pasos en círculo tratando de dar una respuesta adecuada a mi amiga.

—No, no creo en sus palabras. Si yo recibiera una herencia no tendría por qué odiar o sepultar el nombre de quien me la dejó, además, estás tú y el misterio de la desaparición. Don Eliseo no me dijo que tu padre estuviera muerto, recuerdo muy bien que mi patrón mencionó la palabra "desaparecido", y eso no encaja en mi cerebro —respondí, tratando de creer en mis palabras.

Carmen sirvió un vaso de agua y me lo ofreció, lo tomé y cuando estaba a punto de sorber el líquido, colocó su mano derecha sobre mi boca y me dijo:

—No, no la bebas, la parte de este vaso de agua que te corresponde es la parte de abajo.

Me quedé observándola con un gesto divertido, pensando que se trataría de una broma, pero como ella no demostró ninguna intención de sonreír, sino que, al contrario, esperaba una respuesta seria de mi parte, le pregunté:

—¿Te refieres a que puedo beber el agua que está abajo, pero no la de arriba?

—Intenta beber de esta agua, sabiendo que solo podrás beber la parte de abajo porque la parte de arriba me pertenece —aseveró.

—No entiendo.

—Es muy simple. Si la parte que te corresponde, porque yo he decidido obsequiártela, es la de abajo, tú solo podrías esperar a que yo te cediera tu parte, bien sea porque yo bebí la mía o porque yo misma desalojé el líquido de arriba, pero si tú pretendes beberla sin que yo te ayude, solo podrías hacerlo a la fuerza, bebiendo mi parte para tratar de llegar a la tuya.

—¿Y eso qué tiene que ver con tu padre y mi patrón? —inquirí.

—Es solo un ejemplo, pero piensa en esto: si mi padre fue despojado de sus bienes y ellos solo me correspondían a mí como heredera, la única forma en que mi tío pudo habérselos quedado fue a la fuerza, ¿no crees?

Me quedé analizando sus palabras y estuve de acuerdo en que ella tenía razón. Ella dedicó una última caricia a las magnolias y me observó con detenimiento. Sus últimas palabras, antes de marcharse por la puerta de atrás, fueron:

—Sé que lo comprenderás. Eres más inteligente de lo que ellos creen. Y para cuando llegue el momento, recuerda que mi padre murió en el año mil novecientos setenta y ocho, pero desapareció dos años antes.

Y lo fui.

La semana siguiente transcurrió sin mayores contratiempos, el carácter de don Eliseo y su trato hacia mí habían mejorado bastante (me trataba con mayor respeto y camaradería), pero me pareció descubrir un halo de suspicacia en su comportamiento.

Los días se filtraron con mucha inquietud en mi alma porque estaba tratando de descubrir alguna pista que me condujera a corroborar las palabras de Carmen, pero don Eliseo se mostraba hermético sobre ese tema. Lo único que empezó a cambiar era el tipo de libros que se me permitía observar en la casa. Mi patrón sacaba sin ningún reparo los libros de contabilidad delante de mí, pero inmediatamente que llegaba su hermano Mario, guardaba parte de estos y solo le enseñaba los que él quería que su hermano conociera.

Me enteré de ese truco un jueves en la noche. La suave brisa que arrullaba la casa mecía las plantas con candor y el eucalipto se hacía sentir con su silbido de náufrago desde el solar de atrás. Don Eliseo y yo estábamos en el comedor, y de improviso sonó el timbre de la puerta principal. Mi patrón farfulló una maldición porque su hermano había llegado más temprano de lo habitual y se levantó enfadado llevando consigo dos de los libros contables en los que habíamos estado trabajando. En su apresurada partida dejó caer su calculadora y, en medio de otra maldición, me dijo que abriera la puerta.

Cuando llegué con don Mario al comedor y él se disponía a sentarse, se apareció mi patrón con una amplia sonrisa en los labios y un par de libros contables bajo su brazo. Cualquiera hubiera podido darse cuenta del cambio de libros, ya que el tamaño y el color eran totalmente distintos. Don Eliseo me observó por un instante mientras yo miraba los libros y me dijo que sirviera tres tragos, minutos después me vi sentado con ellos brindando en la misma mesa.

Cuando ya iba a dormir, luego de despedir a don Mario, mi patrón me dijo con voz pausada:

—Recuerda, muchacho, que a veces es mejor no enterarse de nada. O hacer como si nada supieras. ¿Estamos?

—Estamos, don Eliseo —respondí, feliz de haber comprobado una fisura en la supuesta honorabilidad de mi patrón.

Las semanas posteriores fueron enriquecedoras para mí en lo que al negocio de las prenderías se refería. Una o dos veces por semana me permitían trabajar en La Exacta. Nunca debía entenderme con los clientes, aunque siempre me distraía de mis deberes para mirar la cara de angustia de los usuarios o el semblante de satisfacción de algún esporádico cliente que recuperaba una prenda valiosa.

En las ocasiones en que trabajé allí aprendí a observarlo todo y a callarlo todo. Me estaba prohibido revelar cifras a los empleados, quienes se mostraron muy amables conmigo. En especial, Yolanda, la joven a quien conocí semanas antes cuando don Mario la envió a ofrecerme un café. Ella y los otros dos empleados se acostumbraron con rapidez a mi presencia muda, y yo me ejercité en el arte de realizar mi trabajo con la mayor discreción y gran esmero.

Fue así como, poco a poco, y aparentando no demostrar interés para que me dejaran indagar en los archivos sin desconfianzas, tuve acceso a la bóveda de seguridad, una gigantesca habitación de hierro que antes perteneciera a un banco. Logré conocer las fuentes de muchos de los bienes de don Eliseo y su hermano. La red de préstamo de dinero era tan extensa y compleja que me llevó muchas semanas aprender a diferenciar las cuentas y los mil tejemanejes que se le daban al dinero para que al final lograra perderse en una red de innumerables vueltas y recovecos, y engañar hasta al más experto revisor.

Aprendí a distinguir la procedencia de fondos de beneficencia que, al pasar por las manos de los expertos hermanos, se convertían en dinero contante y sonante, que de la noche a la mañana se transformaba en bonos bancarios que, a su vez, se cambiaban para ser expedidos por entidades de educación o cuotas de cooperativas ficticias. Era tal el ovillo de rotaciones y cambios de nombre o destinatario, que al final se obtenían ganancias brutas exageradas sin ser detectadas por las oficinas gubernamentales; fue así como entendí que al hacer la operación *taxista* se perdía la pista de los dineros obtenidos y se multiplicaba su valor, sin la necesidad de pagar impuestos.

Me divertí al conocer de boca de don Mario, mientras se jactaba de haber sido él quien bautizó a la operación *taxista*, aunque fue su hermano quien la propuso, la que consistía en darle todas las vueltas necesarias al dinero hasta que su punto de partida se perdiera de vista.

—Para los taxistas, la vía más rápida para llegar del punto A al punto B no es la línea recta, puesto que ellos también tienen que comer —me dijo, explicándome el porqué del nombre y la estrategia.

También logré salir de mi error, ya que pensaba que existía algún nexo entre la funeraria, la central de abastos o cualquier otro local comercial, y era precisamente la ausencia de hilos sueltos la que hacía casi imposible unir las partes de ese proceso de préstamos. Lo único que tenían en común era el ser comerciantes necesitados de dinero, que en algún momento debieron recurrir al poder económico de aquellos hábiles y usureros hermanos.

Gracias a mis investigaciones con aquel monumento a la grasa, de buenos modales y gigoló empedernido que era don Mario, logré saber también que en la ciudad se había fundado en 1925, una obra de la cual Medellín se enorgullecía: el Banco Prendario, el cual prestaba dinero a los pobres para que no acudieran a créditos de agio y usura, lo que logró disminuir sustancialmente el número de prenderías. Pero de aquel banco no quedó ni el recuerdo, ya que se esfumó en un mar de burocracia inútil y hábiles directores con intereses propios, muy distintos de los nobles ideales de ayudar a los pobres que supuestamente inspiraron su creación. Por supuesto, al cerrar el banco, la bonanza y crecimiento desmesurado de las prenderías resurgió cual ave fénix, con más fuerza y deseos de abarcar a la ciudad con sus garras. Y allí estaban para eso los dos hermanos.

Las visitas de Carmen a casa seguían siendo un remanso de paz para mi ser y la oportunidad propicia para hablar sobre mis adelantos en las investigaciones. Un día en que contemplábamos el viejo eucalipto en el solar, me atreví a preguntarle:

—¿Si tú estás tan segura de las malas intenciones de tu tío, por qué no enfrentarlo o denunciarlo?

—Porque todos debemos aprender de esto.

—¿Aprender? —pregunté con mirada incrédula—. ¿Si dices que te robaron tu herencia, no sería más fácil desenmascararlos?

—Yo intenté hacerlo anteriormente y mi técnica no fue la más adecuada. Recuerda que el asunto de la herencia es lo que menos me interesa, yo quiero justicia. Y también estás tú.

—¿Yo? —espeté, con ironía, como si jamás me hubiera pasado por la mente sacar algún beneficio de esa situación—. ¿Por qué yo?

—Tú debes aprender de nosotros —aseguró Carmen con suavidad.

—Siempre he querido ayudarte, pero en ocasiones pienso que lo mejor es que ustedes arreglen sus problemas familiares entre ustedes, eso me parece lo más apropiado.

Carmen calló y me observó a través de su silencio, a la vez que un mechón de su cabello danzaba con el viento, se levantó de las viejas escalas en las que habíamos estado sentados y me dijo:

—Cuando hablo de nosotros, no hablo de mis tíos y yo. Hay muchos seres de los que debes aprender y cuando ellos te hayan transmitido su sabiduría, podremos descansar todos.

—No entiendo tus palabras, ¿podrías ser más concisa, por favor?

—Tus padres podrían ayudarte —sugirió.

—Vamos, Carmen, ya te dije que mis padres murieron.

—El amor no muere —aseguró.

Entramos a la casa y mi mente divagaba en busca de una respuesta adecuada para Carmen que tanto valor daba a la familia, incluso después de ser tratada con desdén por ella. Preparé café y aún no hallaba una forma correcta de organizar mis pensamientos.

—Con el debido respeto, Carmen, creo que tu experiencia con tu padre fue distinta a la mía. Yo no creo en el amor de la familia, nunca me sentí querido por mis padres —dije, al fin, liberando el nudo que se atragantaba en mi garganta.

—Nadie da de lo que no tiene y si tus padres fueron tratados con rudeza por la vida o las circunstancias, tú no puedes ser violento con su recuerdo, tal vez ellos quieran enseñarte ahora lo que jamás pudieron.

Luego de sus palabras y tras despedirse de mí, me quedé sentado en la silla que estaba en frente de la alacena y empecé a temblar. No tenía frío, era algo más profundo. Sentí miedo. No temía que supiera de las apariciones de mis padres, estaba seguro de que Carmen no lo sabía, porque yo mismo me había cuidado de jamás mencionar el particular, porque temía al significado de su comentario.

Desde que empecé a ver a mis padres deambular por la casa había visto una faceta de ellos que nunca observé en vida: sus maneras enamoradas y cordiales. Eso era algo nuevo para mí, pero no recordé nada más porque ellos no me hablaban. Dudé por momentos, pero cuando realmente sentí miedo fue al comprobar que era yo quien jamás les había dirigido la palabra. Me dediqué a verlos, como a tantos otros elementos de la casa que observaba cotidianamente, se fundían en mi mente, como el cuadro de la última cena, el viejo reloj de péndulo o las plantas del patio. Eso sí me provocó pánico, porque ello podría significar que Carmen tenía la razón y que tal vez ellos sí querían enseñarme algo, pero yo nunca les brindé la oportunidad. Antes de morir, mi madre me hizo muchas preguntas sobre la supuesta hacienda La Carmelina, y yo las ignoré por completo.

Al irme a la cama aquella noche les hablé en voz baja, sin verlos. Los saludé como se saluda a un desconocido y les propuse que habláramos un poco, que intentáramos conocernos mejor. Hablé como le hablaría un abandonado a sus gaviotas en la playa desierta, estaba seguro de que nadie me escucharía, así que me explayé en recriminaciones, blasfemias y maldiciones contra mis padres, contra mis abuelos y, si podían escucharme... mis bisabuelos. Les dije en voz baja todo lo que mi corazón quería gritarle a pleno pulmón. Les reproché mis noches de soledad, mis angustias y temores de niño. Le pregunté el porqué de mi abandono, cuando se suponía que yo debí haber tenido padres y no inquisidores que me golpearan a cada respiro. Les di una fuerte reprimenda por haber hecho del silencio el pan cotidiano, ya que lo mejor era callar todo, desde los sentimientos hasta los anhelos.

Tanto le hablé y le reproché a la oscuridad de aquella noche que me sentí caer en un gran vacío con la oportunidad de vengar mis años de soledad y de abandono. Y lloré. Lloré tanto, que mis sábanas se humedecieron con el manantial de mis ojos. Lloré de rabia, de miedo, de silencio, de ausencia. Mis sollozos obstruían mis pensamientos. Pero, al final, logré quitarme esa costra de rencor que anquilosaba mi alma y empecé a sentirme más liviano. Ya no caía, me sentí flotar y, al hacerlo, empecé a entender las palabras de Carmen: "Nadie da de lo que no tiene". Mis padres, sin educación ni cariño en su infancia, no tuvieron elementos para tratarme diferente de como ellos fueron tratados. Sonaba triste en mi alma, pero era la explicación más lógica que encontré. Les hablé tanto a mis padres y lloriqueé tanto, que pensé que me ahogaría en mis lágrimas. Aquella noche no llegaron, pero antes de que me venciera el sueño, me pareció escuchar sollozos alejándose de la puerta de mi habitación.

A la mañana siguiente, después que don Eliseo se fue con su olor a colonia tras de sí, vi que mi padre caminaba con tranquilidad hacia el baño. Tragué saliva y, haciendo acopio de fuerzas, le dije:

—Buenos días, papá.

—Buenos días, hijo —me respondió.

Era cierto. Ellos podían hablarme, y yo nunca les había permitido comunicarse conmigo. Para tratar de romper el hielo, le pregunté lo que tanta curiosidad me provocaba cuando lo observaba ir al baño.

—Para qué vas a leer al baño, ¿no se supone que ya no necesitas ir a ese lugar?

—La costumbre, hijo, la costumbre —señaló, encogiendo los hombros y esbozando una sonrisa. Segundos más tarde, estábamos a las carcajadas.

—¿Has visto a mi mamá? —indagué, tras una pausa.

Mi padre levantó la mano con lentitud y me regaló una bella sonrisa, como pocas veces lo vi hacer en vida.

—Ella está justo detrás de ti —señaló mientras seguía su camino.

Giré con rapidez y contemplé a mi madre acariciando una de las orquídeas del jardín. Me dedicó una amplia mirada y en la comisura de sus labios empezó a esbozarse una diminuta sonrisa.

Me sentí como un imbécil por estar hablándole a mis fantasmas, pero me animó el pensar que día a día yo les platicaba a las plantas, así que no veía cuál podría ser la diferencia.

—Buenos días, mamá —saludé con una voz bañada de inquietud.

—Buenos días, hijo —respondió ella con prontitud.

Su voz me sonaba bastante extraña, era una mezcla de dulzura y melancolía, poco usual en los recuerdos que conservaba de ella.

—Me siento ridículo —pensé en voz alta.

—No te preocupes, supongo que es normal sentirse así en circunstancias como estas.

Definitivamente, mi madre estaba muerta y yo estaba dialogando con su fantasma, porque llevaba cerca de dos minutos entablando una conversación con ella y no había sufrido ningún tipo de agresión verbal de su parte, ni había intentado darme uno de sus habituales pellizcos. Ya eso era algo.

"Ventajas de la muerte", pensé.

Mi madre me observó como si hubiera escuchado mis pensamientos y me respondió mientras sonreía.

—Es cierto, mucho daño te hice. No aprendí mi lección y te traté igual o peor de lo que a mí me trataron. Mi comportamiento no fue ejemplar, pero no vinimos a reprocharnos viejas heridas, llegamos para aprender y nunca es tarde para ello.

De nuevo el tema del aprendizaje, ya me estaba sintiendo un mozalbete que va por primera vez a la escuela.

—Mamá, me gustaría preguntarte por qué tanto interés de tu parte por averiguar sobre La Carmelina. Sé que varias veces me interrogaste sobre el particular y te pido disculpas si no te presté atención.

—No tienes que disculparte, lo importante es que estamos aprendiendo a respetarnos.

—Un poco tarde, quizás —dije con sentida melancolía.

—El tiempo no existe en realidad, así que lo importante es que lo estamos haciendo en este instante, ¿no crees?

—Supongo que sí —contesté inseguro.

Nos sentamos en una larga silla que estaba recostada en uno de los costados del jardín. La madera crujió ante mi peso, pero no hizo ningún sonido cuando el cuerpo de mi madre se posó sobre ella. Me sentí cómodo, excepcionalmente cómodo, hablando con aquella mujer que ahora veía con una actitud venerable y a la que por primera vez observaba desde otra perspectiva. No temía al estar hablando con seres desaparecidos, porque si estaban hablando conmigo, el cielo podría derrumbarse, pero nadie podría negar que esa sensación era real.

—Conocí a don Carmelo hace muchos años —prosiguió mi madre con las manos en sus rodillas y sus ojos clavados en los míos—. Yo lo respetaba como al que más y él valoraba mi trabajo como modista. Hubo muchas cosas que jamás entendí de su desaparición y, justo antes de mi muerte, estuvo visitándome.

—¿Te refieres a que te visitó su espíritu en nuestra antigua casa? —inquirí curioso.

—Sí, él me pidió que le ayudara, pero mi comunicación contigo era cada vez más deficiente y, cuando te pedí que averiguaras la verdad, no valoraste mis palabras y confundiste mi curiosidad con avaricia o con el simple deseo de chisme, lo cual no fue tu culpa, así me comporté siempre. De tal forma que no le pude ser de mucha ayuda a don Carmelo.

—¿De qué verdad estás hablando? ¿De su dinero, acaso?

—En nuestro estado, la verdad pesa más que el dinero, este carece de valor.

—¿Qué tipo de relación tenías con don Carmelo?

Lancé la pregunta sin pensarlo, solo imaginé que podría ayudarme a descifrar todo aquello.

Mi madre se sonrió con mi padre mientras le acomodaba el cuello de la camisa y luego me contempló como quien observa a un recién nacido en su cuna. Era tal la ternura de su mirada que debí contenerme para que no me vieran llorar.

—Nosotros fuimos personas humildes, simples. Nunca tuvimos la educación de hombres de la talla de don Carmelo. Nuestra relación era la más elemental de este mundo. Yo, sencillamente, cosía sus trajes cuando él lo requería. Fui su modista por mucho tiempo. Él solo permitía que yo confeccionara sus prendas, a nadie más encargaba esa labor. La última tarde que lo vi fue a mi casa para que yo le hiciera unos trajes. Me llevó una fina tela importada y recuerdo que me dijo que le gustaría lucir los trajes con unas corbatas que le traerían del exterior —mi madre hizo una pausa y pareció ver a través de mí. Se quedó unos segundos en silencio, suspiró y continuó su charla—. A don Carmelo le encantaban las corbatas, decía que era el elemento más distinguido en el traje de un hombre. Vestía siempre con pulcritud y jamás se le veía sin corbata, ni siquiera cuando el calor hacía derretir las calles como chocolate fresco. Aquella tarde estaba de muy buen humor, como siempre, pero estaba bromeando sobre su corbata nueva de seda; decía que era la más bella, fina y elegante que le habían enviado de París. Era, en realidad, una bella corbata —hizo otra pausa, imagino que tratando de visualizarla—. Negra..., sí, era negra, con pequeñas figuras en forma de rombos blancos. Me repitió varias veces que era su preferida. Observó su reloj de cadena, que siempre lo acompañaba, y se despidió apresurado, porque no quería llegar tarde a una reunión que tenía en su casa con su hermano Eliseo. Jamás lo volví a ver. Poco después me enteré de que aquella casa había pasado a ser propiedad de don Eliseo ante la misteriosa desaparición de don Carmelo. Eso es todo lo que supe.

—¿Y por qué tu insistencia en que yo trabajara para don Eliseo? —quise saber.

—Yo hice que tú pensaras que había sido decisión mía, pero la verdad, hijo, fue otra; don Eliseo me solicitó que te llevara ante él y me dio una buena remuneración económica para que te trajera a esta casa.

Me quedé pensando por unos instantes mientras caminaba con nerviosismo en medio de las plantas. Mis padres me miraban con calma, esperando más preguntas de mi parte. Los dos se habían sentado y estaban tomados de la mano, bañados por un rayo de sol que se filtraba entre las rejas de seguridad del jardín.

—Hay algo que no entiendo, mamá —dije, midiendo mis palabras.

—Es el momento de hacer las preguntas, hijo. Adelante, no temas —respondió con paciencia.

—Si don Eliseo me dio empleo, bien remunerado por demás, ¿qué necesidad tenía de darte dinero a ti, acaso no era suficiente con brindarme el empleo que requeríamos?

—Me lo dio por mi silencio —sentenció, con nostalgia.

Mi madre pronunció aquellas palabras con dificultad, se notaba que había sido un duro fardo arrastrar aquella frase. Dejó cuidadosamente la mano de mi padre y se levantó, caminó hacia mí y buscó mis ojos con determinación.

La verdad es que aunque tuve una leve sospecha, no fue sino hasta meses después que caí en la cuenta de que don Eliseo estaba comprando mi silencio, por eso se mostró tan generoso conmigo, incluso, hasta el momento de mi muerte, siempre me enviaba pequeños regalos, que, según él, no eran sino muestras de afecto por permitirle gozar de la eficiencia de tu trabajo en esta casa. ¿Sabes qué fue lo más triste?, que yo me dejé comprar.

—No estoy entendiendo. No veo relación entre sus regalos y lo que me dices, ¿por qué tenía que comprar tu silencio?

Mi madre se quedó observando, como quien revela un secreto doloroso. Mi padre se levantó de la silla y vino hasta nosotros, tomó los hombros de mi madre con cariño y, con un gesto, la invitó a continuar.

—Una semana después de haber visto por última vez a don Carmelo, lo vine a buscar a esta casa con los trajes que le había confeccionado. Quien me abrió la puerta fue su hermano Eliseo. Al principio no pareció preocuparse por mi presencia, pero parecía ansioso para que me marchara, incluso, no me había dejado entrar a la sala, pero cuando le dije que hacía una semana don Carmelo había mencionado que tenía una reunión con él y que me había dejado esas telas, me abrió la puerta de par en par y me invitó a pasar. Me explicó que su hermano había desaparecido y que nadie sabía nada de él. Me pidió que le contara qué le había dicho

Carmelo ese día, que a qué hora lo vi, que si alguien más había escuchado que se reuniría con él. Me hizo una pregunta muy extraña: quería saber si alguien más sabía que yo estaba en ese momento en aquella casa. Le respondí que, por supuesto, que mi esposo sabía adónde llevaba mis trabajos de costura y agregué que mi esposo estaría impaciente, porque no había regresado, y se mostró inquieto, bastante nervioso, diría yo. Empezó a sudar, aunque el día era fresco y había llovido.

Se disculpó diciendo que la desaparición de su hermano lo tenía muy intranquilo, por lo que me pediría un gran favor, me dijo que era muy importante para las investigaciones de la policía que yo no dijera nada sobre el último día que vi a su hermano. Yo me quedé confundida, pero me tragué mis preguntas cuando lo observé sacar de su bolsillo un grueso fajo de billetes, que me entregó sin contarlos, me dijo que aquel dinero era para pagar mi trabajo con la costura que le había hecho a Carmelo y que le diera mi dirección para enviarme más por el favor de quedarme callada y colaborar con la investigación, ya que su familia estaba muy atribulada con la desaparición de Carmelo. Confieso que se me pusieron los ojos como platos al ver aquel dinero y decidí cerrar la boca. Por aquel entonces las investigaciones policiales habían comenzado a volverse más comunes y no me pareció extraño que nunca se hiciera una investigación extensiva sobre esa desaparición en particular. Eran tiempos difíciles para todos —concluyó mi madre como ante un confesionario.

—¿Y de qué forma podría ayudar yo? —rumié, cada vez más inquieto, al tiempo que mi madre se levantaba de la silla para ir a tomar la mano de mi padre que había estado contemplando las plantas cerca de nosotros. Se quedaron juntos observándome con cariño y mi madre dijo a modo de despedida:

—¿Por qué no se lo preguntas a él?

Y se marcharon tomados de la mano. Me quedé con un remolino de palabras inconexas en mi cerebro. ¿A quién debía preguntar?

A la mañana siguiente, al regresar de hacer unas compras, el aroma de café me anunció que Carmen ya estaba en casa y le agradecí su consejo para que yo le hablara a mis padres, pero no le di pormenores de mi charla con ellos, no fuera a creer que estaba desquiciado o algo por el estilo.

La luz de la mañana dejaba ver su rostro impecablemente bello y ya no lucía tan triste. Sonreía y tarareaba una vieja canción, cuyo nombre no recordaba. Su expresión era más entusiasta que lo normal. Me ayudó a colocar las compras en la alacena y no resistí la curiosidad de saber a qué se debía aquella sonrisa y buen ánimo.

—No soy yo. Eres tú quien está feliz, tu alma está más limpia de lo normal y por ello me transmites tan bella energía —proclamó a la vez que brindaba conmigo con su taza de café.

Aquella mañana transcurrió dialogando en la cocina y en el solar, muy cerca del eucalipto. De esa conversación me quedó claro que debía indagar más sobre la vida y muerte de don Carmelo, ya que así podría unir las piezas que me faltaban y, tal vez, lograr que se le restablecieran los derechos a mi amiga Carmen. Había llegado la hora de sumergirme en el pasado, aunque no sabía cómo daría ese salto al vacío.

Ese salto lo facilitó mi patrón. Su médico le había recetado mucho reposo y tranquilidad, ya que su salud se estaba debilitando con rapidez, sin razón física aparente, así que llegaron a la conclusión de que lo mejor era que se fuera unos días de la ciudad, que se alejara de los negocios y de su vida rutinaria para dedicarse a descansar.

Cuando el médico le dijo a mi patrón que debía irse a descansar, el lugar elegido para dicho descanso fueron las playas de Cartagena que, desde siempre, era el destino fijo de turistas de todas partes del orbe, aunque a don Eliseo no le agradara la idea de alejarse de sus negocios.

Aquel fue un fin de semana muy agitado para mí, mis pensamientos se mezclaban en loco desorden y no atinaba a concentrarme en los simples preparativos de viaje de don Eliseo. Él viajaría por primera vez a la ciudad de Cartagena y buscaría la paz que no hallaba en su propia casa. Lo que él nunca pensó es que uno no puede huir de sí mismo.

Su mal humor, su tristeza y su apatía con respecto a todo lo que lo rodeaba fueron elementos de peso para que mi patrón decidiera llevar a cabo esa huida de la realidad.

Aunque mi patrón solía viajar con frecuencia, este viaje en particular lo tenía muy preocupado, no tanto por la distancia a recorrer, ni las horas de vuelos enclenques, sino por dejar el negocio con su hermano y, por supuesto, conmigo. Por eso, antes de irse me lo advirtió más de una vez con gesto paternal: "Si entras a mi habitación, te mato", y esa frase fue suficiente para acelerar mi imaginación y excitar mi curiosidad, convirtiéndose así en limpia credencial de invitación. Pero había algo más, algo le daba impaciencia a mi patrón. Tenía un presentimiento. Yo le atribuí su nerviosismo al vuelo, él decía que había algo más que no lograba comprender.

Llegó un radiante lunes que invitaba a caminar por las calles de mi ciudad florida, pero yo no tenía ojos para tanta belleza, yo solo pensaba en el mar de posibilidades que se abrían ante mí al estar solo en aquel caserón convertido en mi refugio. Sin la mirada atenta y vigilante de don Eliseo, tal vez pudiera ayudar a Carmen a resolver sus inquietudes.

Don Mario se quedó encargado de la prendería y otros asuntos que le susurró su hermano, mientras yo acomodaba dos maletas de fino cuero en el baúl de uno de los taxis que don Eliseo había adquirido recientemente. Mi función era sencilla: transportar su equipaje y escuchar su rosario de admoniciones, advertencias, consejos y cuanta cosa se le ofreciera recitar por el camino, acompañadas de una que otra maldición por tener que viajar, cosa que le descomponía la bilis y los ánimos.

Un fuerte y dulzón olor a chocolate nos indicó que estábamos cerca de nuestro destino, giramos en la glorieta de la compañía nacional de chocolates y, un par de calles más a la derecha, desde otra pequeña glorieta bañada por frondosos árboles, se podía observar el estilo de pez del aeropuerto Olaya Herrera, que a mí siempre me pareció una graciosa sirena descansando en una playa desierta, aunque no faltaba quien asociara sus curvilíneas estructuras con una gigantesca ballena. Abrí mi boca para decirle a mi patrón lo que pensaba de aquel edificio, pero no alcancé a modular palabra, ya que él me indicó con un gesto que la cerrara, que había muy poco tiempo antes de partir, y que debía quedar todo listo y organizado para que no hubiera ningún error en su ausencia, así que comenzó a repetir hasta la saciedad lo que ya me había dicho durante todo el trayecto.

Nos bajamos del taxi conducido por un hombre calvo y silencioso que le servía de chofer a don Eliseo desde hacía un par de meses. Mi patrón dio la orden al hombre de pocas palabras de que me esperara para llevarme de vuelta a casa, cosa que agradecí con un gesto, y mi patrón me dedicó una mirada casi paternal que no comprendí.

Después de entregar su equipaje y comprobar que todo estaba en orden, una mujer gorda y maquillada hasta el cansancio le entregó, sin prisas, su boleto de abordaje. Don Eliseo dio las gracias y giró con parsimonia hacia mí. Me dedicó una profunda y escrutadora mirada, como si me observara desde un tren en movimiento y no tuviera tiempo que perder en detalles nimios.

—No sé por qué tengo el presentimiento de que este será mi último viaje y que tú tendrás algo que ver en ello —me espetó con seriedad.

—Tenga la certeza de que yo no derribaré el avión —le respondí con una sonrisa.

Lo que hizo a continuación me dejó sin habla, puesto que no tenía nada que ver con su proceder habitual. Extendió sus brazos y me invitó a fundirme con él en un fuerte abrazo, palmeó afectuoso mi espalda y me agradeció por todo:

—Él no se equivocó con respecto a ti, como siempre, sabía lo que hacía —me dijo con un tono lúgubre que bañaba sus palabras de melancolía.

Quise preguntarle a quién se refería, pero no me dio tiempo, giró sobre sus talones y observé, mientras se perdía en medio de los viajeros, al poseedor de una cuantiosa fortuna y un fuerte olor a colonia, mi patrón, con su dolor a cuestas y tratando de escabullirse de él.

Esta fue la última vez que lo vi con vida.

Regresé a casa para organizar unos documentos que don Mario pasaría a recoger en la tarde y así transcurrió todo el día, entre miradas furtivas para ver si mis padres andaban por allí y sumergirme en aquel mar de papeles con un desdén inusitado en mí, debido, claro está, a que mi mente jugueteaba con la manera de entrar a los aposentos de don Eliseo y ver qué se escondía tras esa fachada de hombre pulcro y clásico.

Don Mario se fue con los documentos y con una sonrisa de satisfacción cubriéndole su rechoncho rostro ante la semana de vacaciones que él mismo se procuraría con un par de amigas en ausencia de su hermano.

Aquella noche pronuncié el nombre de don Carmelo mientras me tomaba un vino en el comedor principal. Me imaginaba su aparición en medio de mis padres y maldije mi memoria, al no haber pedido el número telefónico de Carmen, ya que durante esa semana podríamos adelantar mucho en las indagaciones de la desaparición de su padre y, si mi familia se aparecía en aquella casa como si fuera un parque público de diversiones, no veía por qué la presencia de don Carmelo no podría sumarse.

Luego de la segunda copa de vino comencé a sentirme como un imbécil al estar llamando por su nombre a un ser que ya no pertenecía a este mundo y, aunque no sentía miedo, empecé a inquietarme ante lo que podría representar la posible aparición de otro ser en aquel caserón.

Dejé la botella sin terminar en la alacena y apagué las luces del comedor, un límpido resplandor se filtraba por las rejas del patio principal y proyectaba las sombras de las plantas como locas juguetonas sobre el pasillo. Observé con morbosa curiosidad la puerta cerrada de la habitación de don Eliseo y suspiré ante la impotencia de no poder entrar en aquel mundo prohibido que las luces de una luna opalina presentaban como el telón cerrado de un teatro en desuso.

Una semana, me repetía una y otra vez, tenía una semana para desentrañar los misterios de mi patrón y ayudar así a mi amiga Carmen.

El sopor del vino y el cansancio hicieron el resto. Dormí plácidamente.

A las ocho de la mañana del día siguiente me desperté sobresaltado dispuesto a buscar lo que había visto en un sueño.

No pude ver ningún rostro, ni logré escuchar nada, solo vi en el sueño una fina mano que tenía un anillo de oro y una piedra negra, que me llevaba con delicadeza y respeto hacia la sala y me enseñaba un cenicero nacarado. Luego, la visión se desvanecía y la mano me mostraba la puerta de la habitación de don Eliseo.

Antes de ir a la sala, abrí la puerta que daba al solar y dejé que entrara más brisa de la que ya embargaba la casa. Esperaba que Carmen apareciera de un momento a otro y, aunque quise ir a preparar café por si eso sucedía, la curiosidad de ir hasta la sala a comprobar de qué se trataba aquel extraño sueño, pesó más.

En la sala, en medio de los muebles monásticos, había una pequeña columna metálica en cuya cúspide se hallaba un cenicero de nácar, elemento de lujo y extraño refinamiento, porque a todas luces se veía que se trataba de una antigüedad. Era un objeto decorativo, ya que en aquella casa nadie fumaba ni don Eliseo lo permitía. Muchas veces limpié el polvo de ese y otros elementos de la sala, pero nada me revelaba qué podría significar el sueño.

Contemplé el cenicero como se hace con un bicho raro que asciende por tu mano, sin saber si asesinarlo en el acto o descubrir los bellos colores de su caparazón; no sabía qué podría encontrar en él, así que empecé a buscar a su alrededor. La búsqueda, luego de estériles minutos, fue infructuosa, así que volví mi vista sobre el cenicero y empecé a girarlo en mis manos buscando alguna pista. Cuando lo iba a depositar de nuevo en su lugar, sentí curiosidad de girarlo y mirar su base metálica. Fue en ese momento cuando comprendí que jamás observamos bien las cosas que nos rodean.

Aunque había limpiado muchas veces aquella pieza de

museo, nunca sentí curiosidad por mirar debajo de su base y, ahí, justo en la mitad de una circunferencia de paño negro, pude ver un diminuto orificio donde, al plegar un poco el paño, se alojaba una llave. No necesité pensarlo dos veces para imaginarme lo que esa llave abriría.

Sin embargo, mi curiosidad debió esperar hasta el medio día, ya que Don Mario llegó a eso de las diez de la mañana a decirme que necesitaba trabajar muy duro con él, puesto que había decidido dejar todo listo para irse de vacaciones en cuanto su hermano regresara; dicho esto, me dejó un par de carpetas repletas de trabajo para los próximos días.

La llave, que tenía en el bolsillo derecho del pantalón, quemaba y pesaba sobre mí como si fuera lava ardiente, la curiosidad se fundía con un sentimiento de culpa, de tal forma que me hizo sudar todo el tiempo que don Mario estuvo frente a mí.

Cuando su cuerpo de león marino se fue de la casa, debí reprimir el impulso por comprobar si, en efecto, y tal como estaba dispuesto a apostar, la llave que estaba en mi bolsillo era la de la habitación de mi patrón, porque el miedo a que regresara don Mario pudo más que mi curiosidad. Esperé a que las horas se diluyeran en un mar de eternos minutos y, al medio día, comprobé con un tintineante sonido, que yo tenía la razón ya que aquella simple llave abrió la puerta con una música cadenciosa y, podría agregar, que hasta grata a mis oídos.

La puerta giró con elegancia sobre sus bisagras y ante mis ojos se abrió un mar de posibilidades y retos para mi imaginación porque, aunque había encontrado la llave para acceder hasta aquel lugar, no tenía idea de cómo entrar al otro fascinante lugar que para mí representaba la vieja puerta que se ocultaba junto a su armario y, menos después de contemplar de nuevo, frente a frente, y sin la mirada de don Eliseo sobre mí, sus siete aldabas cerradas y sus gruesas cadenas.

Aquella vieja puerta de roble, sin disimulos ni preámbulos, se mostraba sin pudores en medio de la soledad pasmosa de aquella estancia; qué contenía o hacia dónde conducía, era parte del torrente de preguntas que siempre me acompañó desde que vivía en aquella casa de silencios a gritos.

Olvidé por completo mis deberes para con don Mario, ya habría otro momento para darle una ojeada a los documentos que me había traído en aquella mañana, allí, en medio de aquel cuarto, me sentí fisgoneando en las fauces de un dinosaurio dormido. Aquel lugar tenía que ser el último eslabón en esa cadena de inquietudes, interrogantes y secretos.

Pasé una y otra vez mi vista sobre cada uno de los objetos del lugar: su fina cama, los baúles, el armario, todo, absolutamente todo estaba pulcro e impenetrablemente cerrado. Dediqué mucho tiempo a la observación y revisión de dos de los elementos más curiosos para mí: la puerta clausurada junto a su cama (tenía que haber algún modo de abrirla) y la pequeña caja en la pared, al lado contrario de la puerta, aquel enigmático sagrario de plata me tenía los pelos de punta.

Di vueltas por la habitación, busqué bajo la cama, revisé encima del marco de la puerta de ingreso. Nada. Pero así como encontré antes una llave, estaba seguro de que tendría que insistir más hasta posar mis ojos en el lugar adecuado.

Observé con detenimiento las finas inscripciones grabadas en el sagrario de plata y comprobé que, tal como lo había sospechado anteriormente, se trataba de figuras religiosas cinceladas en la diminuta puerta, pero por ningún lado encontré las llaves para abrirla. En cuanto a la vieja puerta de roble con sus cadenas, tenía que haber algo para abrirla, necesitaba dos llaves para los candados de las cadenas y algo para accionar el mecanismo de las aldabas o picaportes, tal vez un destornillador, pero debía ser muy cuidadoso, ya que no podía forzar nada allí o, de otra forma, don Eliseo lo podría notar a su regreso.

Aquella tarde fue infructuosa, no logré abrir nada de lo que estaba al alcance de mi mano. En más de una ocasión coloqué mi oído sobre el grueso roble de la puerta e imaginaba que alguien me hablaba, me susurraba algo y, de inmediato, cambiaba el objetivo de mi búsqueda, procurando ahuyentar mis temores.

Me senté sobre la cama de don Eliseo y llamé a mis padres. Me sentía abatido y desorientado, pero ellos no llegaron. Fue entonces cuando decidí mencionar el nombre de don Carmelo, mas no escuché nada, solo una leve picazón sobre mi nuca hizo que girara mi cabeza como si alguien me observara, para encontrarme frente a frente, una vez más, con la puerta de roble y sus silenciosas cadenas. Temblé como un bebé desnudo ante el frío del rocío y decidí que ya estaba bueno de sustos, así que fui a prepararme algo de comer para tranquilizar mis nervios.

Por fortuna, Carmen llegó en el momento justo en que cerraba la puerta de la habitación de mi jefe y, luego de reponerme de semejante sobresalto, le comenté lo del sueño y el hallazgo de la llave, de mi incursión a aquel cuarto impregnado de eucalipto y de mi impotencia por no poder descubrir ninguno de los secretos que podría contener aquel lugar.

El torrente de mis palabras la hizo sonreír y me invitó a sentarme en la cocina, mientras su fría mano jugueteaba con una hoja de eucalipto.

—Si no te calmas sufrirás un infarto, hombre. Serénate, que lo que me dices solo tiene una explicación —me aseguró Carmen con su sonrisa de marfil, al tiempo que golpeaba cariñosamente mi cabeza con las verdes ramas.

—Si tú ves una explicación en todo lo que te acabo de contar, dímela, por favor —supliqué.

Por unos segundos pensé que Carmen se había olvidado de mí, porque se paseaba pensativa por la cocina haciendo girar las hojas de eucalipto sobre todo lo que se le atravesaba como si estuviera exorcizando pensamientos, pero en su rostro se notaba una satisfacción que rara vez recordaba haber visto en ella.

—Mi padre ya empezó a ayudarte —sentenció con una sonrisa.

—Disculpa, pero creo que no entiendo nada. Aunque debo reconocer que he solicitado la presencia de tu padre, no he recibido ningún tipo de comunicación y creo que me estoy volviendo loco —señalé, con temor a que, en efecto, me tomara por un chiflado.

—Mi padre tenía un bello anillo de oro que yo misma le

obsequié y que él jamás se quitaba. ¿La mano que te mostró el lugar donde estaba la llave tenía una piedra negra? —indagó Carmen con calma.

—Sí, ¿cómo lo sabes? —inquirí, asustado, ante la certeza de que ella supiera los pormenores de mi sueño.

—Recuerda que antes de mi tío, el propietario de esta casa fue mi padre.

Las palabras de Carmen sonaban orgullosas y tranquilas. Esa serenidad se metió en mis huesos y en mi alma. Me tranquilicé de inmediato. No sé cómo, pero me sentí aliviado, la tensión de mis músculos y el nerviosismo vivido durante todo aquel largo día se esfumaron, mientras preparaba la cena.

Aunque Carmen no cenó conmigo, me acompañó un par de horas y antes de despedirse, me dijo:

—Gracias.

—¿Por qué?, soy yo quien debería agradecerte por calmar mis nervios —le manifesté.

—Por ayudarnos. Ahora, déjate llevar —me pidió y lo último que se perdió en la noche con olor a eucalipto fue la sonrisa transparente de Carmen.

Aquella noche no soñé. Por lo menos, no pude ver nada. Solo recordaba una voz melodiosa, masculina y clara que me preguntó: "¿Por qué no miraste debajo del baúl pequeño?".

Desperté sin sobresaltos y esperé una hora antes de llamar a la prendería para comprobar si don Mario estaba allí. Cuando la voz de Yolanda me dijo que, en efecto, él estaba trabajando desde temprano, colgué el negro auricular y me adentré una vez más en la habitación de mi patrón.

En esa ocasión, la pregunta del sueño retumbaba en mis oídos como un fuerte aguacero, firme y constante. Me acerqué para comprobar, una vez más, que los dos baúles estaban cerrados. Contemplé el baúl pequeño de color castaño, se veía fuerte y antiguo, pero cuando lo levanté lo pude hacer sin problemas. Lo giré y busqué debajo de él con la convicción de que allí encontraría algo, pero, además de una telaraña olvidada por su dueña, no había nada allí.

Me sentí desilusionado y empecé a pensar en posibles formas de hablar con la voz de mi sueño para decirle que se había equivocado, pero cuando me disponía a colocar el baúl en su lugar, reparé en una pequeña fisura en el piso, era una grieta sin importancia aparente, pero de inmediato despertó mi curiosidad observar que las otras baldosas no tenían ese tipo de aberturas. Coloqué el baúl donde no me estorbara y levanté uno de los mosaicos que, para mi sorpresa, cedió sin problemas ante la presión de mis dedos, lo levanté con precaución para darme cuenta de que debajo de la cerámica había tres llaves.

La habitación pareció entonces tener sentido, me daba la sensación de entender cabalmente a los caballeros que habían habitado aquel lugar. Ese pequeño manojo de llaves, unidas por una cadena metálica y silenciosa, daba fe de que mis sueños habían sido bien encauzados por quien fuera que estuviera guiando mis pasos.

Coloqué la baldosa en su lugar y, posteriormente, el baúl corrió la misma suerte. Me incorporé, seguro de tener las llaves del famoso secreto que andaba buscando. Solo era cuestión de utilizarlas.

Entre las tres llaves había una totalmente diferente de las demás, tenía grabados y cruces por todos lados, parecía una pieza de orfebrería antigua. Su peso era superior al de las otras dos, pero sus dimensiones eran diminutas, así que no fue difícil deducir que esa llave en particular sería la del sagrario empotrado en la pared. Pero la curiosidad de lo que hubiera tras aquella puerta de roble pudo más que mi deseo por saber qué había tras la puerta de plata.

Aspiré un poco de aire, procurando llenar mis pulmones, y el olor a eucalipto me infundió la valentía que requería para seguir adelante. Las aldabas de la puerta se veían muy seguras y afianzadas, así que no tuve más remedio que empezar por lo más difícil, ya vería cómo descorrer aquellos aros metálicos sin dejar huella, pero no tuve necesidad de pensar en la solución a eso, puesto que la respuesta llegó sola. Cuando intenté abrir un candado con una de las llaves, no pasó nada, ni siquiera entraba en la ranura, pero cuando utilicé la otra, encajó y perforó el sigilo guardado por el candado sin aspavientos ni complicaciones. No pude evitar sonreírme ante la ironía del enigma de los llaveros, así lo describía mi padre cuando me decía que justo la última llave que se probaba era la que abría lo que requeríamos.

Al abrir el primer candado y dejar que se escurriera la cadena que abrazaba con fuerza, los goznes de la puerta cedieron un poco y las aldabas ya no se veían tan firmes como antes. El segundo candado se dejó manipular confiado ante mis manos y al descorrer la gruesa cadena, comprendí que de nada servían los pasadores para quien tratara de accionarlos, por lo menos, desde aquel lado de la puerta. Entonces, ¿para qué siete recios pasadores metálicos, si la puerta podía abrirse fácilmente desde la habitación de don Eliseo?

De inmediato lo comprendí todo. Un frío mar de sudor heló mi piel y cauterizó mi sangre. Solo podía haber una explicación: la idea de don Eliseo era evitar que la puerta se abriera desde el otro lado. Hubiera lo que hubiera del otro lado, la intención era que nadie pudiera abrirla desde allí.

Abandonado a su suerte en una prisión, así me imaginé a don Carmelo. Él, don Carmelo, debía estar encerrado en aquel lugar sin que yo lo hubiera sospechado, ¿si no, para qué ese tipo de seguridad?

A pesar del temor que sentía, las aldabas fueron pasando una a una entre mis manos sin ruidos ni premuras. Siete aldabas me separaban de ver el contenido de aquella misteriosa puerta, que me había tenido en vilo durante tantos años. Si don Carmelo aún estaba con vida, era algo que desconocía, pero que estaba a unos segundos de descubrir.

Me pareció escuchar la voz de mis padres en un diálogo de sinfonías perdidas en medio de la casa, la que se había convertido también en su refugio como se convirtió en el mío desde hacía ya tanto tiempo. Agudicé mis sentidos para saber si se trataba de sus voces o si solo era el rumor de los árboles del patio o de mis temores cobrando vida propia y burlándose del loco tamboreo de mi corazón galopante.

La última de las aldabas cerradas quedó desnuda ante mis manos y la puerta se entreabrió con timidez de *amateur*. Desde adentro no se podía ver ni escuchar nada, solo un gran silencio inundó la habitación y se coló por entre el espacio de la puerta, invadiéndolo todo.

Guardé las llaves en mi bolsillo y comprobé que mis manos sudaban sin pudor. Giré el grueso roble y sus goznes, bien aceitados, no mostraron aspaviento alguno, se abrieron con la naturalidad de las puertas de una iglesia, francas, para quien deseara entrar en ella. Era evidente que aquella puerta era utilizada con frecuencia, y cuando intentaba imaginar cuál podría haber sido la finalidad de su uso, una ráfaga de eucalipto, fresco, mañanero y alegre, me bañó por completo.

Por la luz que se filtraba desde la habitación de don Eliseo pude ver unas escalas que descendían, perdiéndose en una apretada oscuridad. Instintivamente busqué un interruptor eléctrico, no me apetecía la idea de tener que ir hasta la cocina por una vela. Allí, justo a mi derecha, palpó mi mano el interruptor deseado y respiré aliviado.

El sótano al que conducían las escalas debía ser más profundo de lo que imaginé en un principio, ya que el final de los escalones no mostraba nada. Desde mi ubicación, solo veía unas viejas escalas con un baldosín descolorido por el tiempo que conducían a un pequeño descanso que a su vez giraba sobre su derecha perdiéndose así de mi vista.

La ausencia total de elementos en aquellas escalas era escalofriante. Estaban desnudas, sin una muestra de vida o decoración de ningún tipo. Lo pensé un poco antes de entrar, asegurándome primero de atascar la gruesa puerta de roble con una silla y las cadenas encima de esta, por temor a que se cerrara conmigo adentro.

Mis pasos resonaban sobre las baldosas donde, en cada grada, podía escuchar la loca algarabía de una sinfonía desafinada que ejecutaba el eco de mis pasos y los latidos de mi pecho en ebullición.

Giré con cautela a mi derecha en el descanso de las escalas y pude ver otro gran número de gradas hacia abajo rematadas por el ocre resplandor de un piso gris de burdo cemento sin terminaciones que hacía contraste con las baldosas de las escalas.

Bajé los escalones que me faltaban sin problemas porque la luz era uniforme y clara. Las bombillas que proyectaban su luz, dos en total, que estaban una en las escalas y otra abajo se encendieron al mismo tiempo, así que no tuve inconvenientes para visualizarlo todo. Las complicaciones surgieron al tratar de comprender lo que mis ojos veían.

En un primer momento me pareció ver a un hombre cómodamente sentado en una cama, su parecido con don Eliseo me hizo temer que había sido descubierto por mi patrón. El hombre me saludaba con un gesto silencioso y confidente desde la profundidad de una mueca que se asemejaba a una sonrisa.

Parpadeé y aspiré un aire enrarecido que, mezclado con el aroma a eucalipto, sabía a encierro y a soledad. Mi mente se disipó y comprendí que lo que había visto no era más que el miedo que se fundía en promiscua unión con lo que estaba seguro de encontrar allí.

Abrí con determinación mis ojos y pude ver una simple y monástica habitación. Era un espacio bastante amplio donde se conjugaba el orden del lado derecho con el abuso del espacio al lado izquierdo.

La estancia no tenía ningún tipo de ventana ni de ventilación visible. Era un sótano bastante grande y, por lo que pude comprobar, había sido utilizado en algún tiempo como despensa de alimentos. En el lado derecho había una pequeña cama unida a un mohoso y frío muro de adobe, junto a ella, una pequeña mesa llena de un polvo amarillento que contrastaba con el café de la mesa y las descoloridas rayas de un colchón sin mantas, desnudo como las paredes. Unida a la pata derecha de la cama, como si fuera un perro guardián, se podía apreciar una larga y oxidada cadena. Al lado de la cama, un singular y antiguo orificio excavado en el piso.

Al lado izquierdo del recinto se apilaban un mar de recuerdos sin época. Una alacena sin alimentos, damajuanas sin vino y porcelanas sin tiempo. En disonante confusión se abrazaban crucifijos, serruchos, martillos, radios, ollas, lámparas, sillas y un sinfín de documentos y periódicos lanzados en aquel rincón, pujantes por apoderarse del pulcro espacio ocupado por la cama.

Ahora sí estaba como al principio. Mis investigaciones me habían llevado a encontrar la bodega de la basura de mi patrón, allí donde yo imaginaba una isla de tesoros esperando por mí, al padre de Carmen o cualquier otra cosa más interesante que una habitación con vista a la nada.

Fuertes vigas soportaban el techo y la humedad era evidente por doquier. Había mucho que observar en el mar de objetos allí apilados, tal vez en medio de ellos pudiera encontrar otros cofres o dinero escondido por mi patrón, pero por ahora debía irme de allí, tenía que colocar mis pensamientos en orden pero, cuando me disponía a irme, algo bajo el amarillento polvo de la mesa llamó mi atención. Me acerqué allí y al tomar entre mis manos aquel trozo de tela, mi corazón dio un salto en el tiempo, me pareció escuchar de nuevo a mi madre describir lo que estaba ante mis ojos: una fina corbata de seda negra con pequeñas figuras en forma de rombos blancos.

Tomé la corbata en mis manos, su delicada textura aún se conservaba intacta a pesar de la humedad del lugar. "¿O sea, que mi madre tenía razón?". Fue lo único que pensé, antes de sentir mucho frío y un letargo insoportable que hacía sumamente pesados mis párpados, imposible mantenerlos abiertos. De repente, la voz de Carmen retumbó en mis sentidos: "Déjate llevar". Y así lo hice. Fui cayendo en un sueño reparador y fresco. En él ya no existía el frío o la preocupación de ser descubierto en aquel sótano prohibido.

Sentí que mi cuerpo era invadido por una sensación de tranquilidad y me acurruqué sin censuras sobre el áspero colchón desnudo. Lo que me enseñaron en aquel sueño fue lo que me hizo cambiar de parecer hacia mi patrón y decidir enlodar mis manos con su sangre.

"Ahora lo verás todo y entenderás que las apariencias engañan, en especial, cuando de la familia se trata". La voz masculinamente melodiosa que había guiado mis pasos hasta la llave de aquel sótano escondido, se hizo presente en mi cerebro.

Comprendí de inmediato que don Carmelo me hablaba con voz paternal, mientras me explicaba el secreto que había estado tratando de resolver.

"A veces, el pasado solo se resuelve con nuestros muertos, es por ello que te agradezco que hayas llegado hasta aquí. No me defraudaste, eres inteligente, perseverante y ambicioso, por eso te elegí". La voz de don Carmelo era firme y transparente, provocando un gran alborozo en mi corazón.

Don Carmelo empezó a combinar sus palabras, al tiempo que me dejaba ver retazos de un pasado que, de no haber sido por él, hubiera resultado infranqueable. Pude presenciar su dolor y comprender las pasiones ocultas de aquella casa, observé todo como si lo estuviera viviendo en tiempo presente.

Lo que sucedió a continuación lo presencié como en cámara lenta y las acciones de aquella tarde se grabaron para siempre en mi memoria.

Lo que vi cambió mi vida para siempre.

CAPÍTULO DOS

Carmelo vestía con pulcritud un bello traje negro, rematado con una corbata de seda del mismo color, con figuras en forma de rombos blancos. Relucía sobre su atuendo una fina cadena de esas que portan los relojes antiguos. Su rostro adusto y bien afeitado se veía mucho más juvenil que el de don Eliseo. Lo observé de pie, abrazando con efusión a su hermano Eliseo.

Carmelo invitó a pasar a su hermano Eliseo y le ofreció algo de tomar; este le dijo que tenía urgencia y que lo mejor era llevar el dinero que le había pedido prestado rápido al banco, así que, si no había inconveniente, preferiría irse pronto. Carmelo dijo que no tenía objeción y que gustoso le prestaría de inmediato la suma solicitada.

Carmelo, el dueño de casa, masculló algo sobre por qué él y su hermano Mario no le habían hecho caso desde el principio; que si hubieran invertido en los negocios que él les había propuesto, no estarían en tan malas condiciones. Le recordó que aún estaban las puertas abiertas para que se unieran los tres en sociedad, y Eliseo le respondió que no, que gracias y que tenía prisa.

Los dos hermanos se dirigieron a la habitación que pertenecía a Carmelo. Este último abrió sin tapujos la puerta de roble que conducía al sótano y se podía apreciar un extraño brillo en la mirada de Eliseo.

La puerta de roble solo tenía un par de cadenas que Carmelo abrió para bajar al sótano el cual también hacía las veces de caja fuerte. Encendió la luz y, en el preciso instante que se disponía a bajar su pierna derecha hacia el primer peldaño, las manos de su hermano Eliseo lo empujaron por la espalda con violencia hacia delante. Se escuchó un fuerte grito y un sonido sordo que se proyectó al vacío. Luego todo fue silencio.

Un silencio que se prolongaría por varios días.

Arriba, como en trance, Eliseo observaba el cuerpo de su hermano en una complicada posición en el descanso de las escalas. Su pierna izquierda estaba girada cómicamente hacia su cadera, en una circense postura que ni un faquir bien entrenado podría realizar. Esperó un momento y tomó aire un par de veces. Cuando comprobó que su hermano no se movía ni de él provenía ningún sonido, cerró la puerta y se sentó en la cama de Carmelo a llorar. Era un llanto lastimero y plagado de siniestros destellos incomprensibles.

Eliseo sentía el fortalecimiento de un animal en gestación, de esa inmisericorde víbora de los celos que había nacido en sus entrañas desde hacía mucho tiempo. La sintió, la acunó en sus brazos y no hizo nada por repelerla; al contrario, se sentía seguro por haber actuado así. Ahora solo necesitaría las agallas para acabar lo que había comenzado.

La vida de su hermano ahora sí que se había convertido en un riesgo para sus planes de grandeza.

Luego de un sempiterno mar de silencios se levantó y su rostro se endureció. Se dirigió a la cocina y buscó por todos los cajones, hasta que halló un par de firmes cuerdas. Fue hacia la puerta del sótano y comprobó que su hermano Carmelo estaba inconsciente. Bajó las escalas y pasó sobre él. Lo haló sin contemplaciones hacia el sótano y lo arrastró hacia el piso donde lo amarró fuertemente. Comprobó que, a pesar del mal estado de su pierna y de una contusión en la cabeza, no había rastros de sangre por ningún lado.

El resto fue mucho más rápido de lo que se imaginó, más sencillo y también más cruel.

Fue hasta el consultorio de uno de sus amigos y le solicitó unos fuertes calmantes, "suficientes como para mantener una ciudad dormida", le indicó bromeando. Le dejó una fuerte propina a su amigo y se fue en el más completo sigilo. No tuvo problemas para comprar la medicina en una farmacia del pasaje comercial La Bastilla y regresó a casa de don Carmelo, la que había decidido que sería definitivamente la suya.

Eliseo bajó al sótano y le propinó una fuerte dosis de calmantes a su hermano quien aún no había despertado, de algo le había servido estudiar un poco de enfermería en su juventud.

Al día siguiente llamó a su hermano Mario y a la policía para comunicarles que Carmelo había desaparecido.

Luego de la notificación a la policía, Eliseo escondió a su hermano sedado bajo un cúmulo de objetos, cofres y documentos, los que muy apropiadamente diseminó por el sótano para dar la sensación de abandono total.

En aquel sótano, uno a uno, a través del tiempo, había Carmelo acumulado los trastos viejos que ya no requería en la casa, escondiendo también otras cosas de valor. Irónicamente, eso mismo le sucedió a él en aquel frío subterráneo.

Dos días después se presentó un demacrado policía vestido de civil con cara de pocos amigos a realizar las investigaciones de rigor, preguntó con desgana por los detalles de la desaparición y solicitó a Eliseo revisar la casa. Este no se opuso, al fin y al cabo, dos horas antes le había inyectado una nueva y más fuerte dosis de tranquilizantes a lo que quedaba con vida del cuerpo de su hermano. Muy cordialmente, le ofreció al policía un trago de aguardiente, que el hombre rechazó porque estaba de servicio, dijo.

El policía, con evidente fastidio, cumplió con sus obligaciones, pero tuvo sus recelos a la hora de bajar al sótano. Eliseo le dijo que podía mirar donde quisiera, pero que tuviera cuidado con las ratas pues atestaban el sótano desde los tiempos de los abuelos. El enjuto policía echó un vistazo desde el primer rellano de las escalas y dijo con una mueca de asco que no, que muchas gracias, que así estaba bien y que él odiaba a esos bichos.

El policía salió de allí con la promesa hecha por Eliseo de una buena propina por su eficiente trabajo y preocupación por la suerte de Carmelo. El quijotesco hombrecillo dijo que cómo se le ocurría, que eso no estaba permitido y que, ya que él sabía que se trataba de una familia decente, no lo tomaría como un soborno, porque un oficial de la ley no requería favores económicos por el cumplimiento de su deber, que no faltaba más, pero que, teniendo en cuenta los tiempos duros que atravesaba la economía del país, pues, no le vendría mal una ayudita para pagar las cuentas de servicios públicos que tenía atrasadas. El policía le dijo que en ningún momento don Eliseo fuera a tomar esa ayudita como un pago por sus servicios, que la recibía solo como préstamo para salir de ese atolladero económico en el que se había metido.

Eliseo le aseguró que él no dudaba de la palabra de un inspector como él y que el país debería estar orgulloso de personas así, que no había problema y que con mucho gusto le ayudaría para que pagara sus cuentas atrasadas y, además, que si le seguía colaborando de esa manera, no dudaría un segundo en continuar ayudándolo a pagar sus cuentas de pago.

El frágil hombrecillo se fue con un fajo de billetes pesando en su bolsillo, mas no en su conciencia. Al cerrar la puerta, decidió cerrar también su boca.

La policía jamás volvió a revisar la casa de Carmelo. Días más tarde y, gracias a lo fácil que fue dar un par de propinas por allí y otras por allá…, el caso de desaparición se cerró sin más preguntas.

El carácter solitario de Carmelo, sus pocos amigos, su vida monástica, las envidias que se generan en torno a las personas de carácter recio, así como los enemigos gratuitos ganados a merced de desear lo que él poseía, se encargaron de borrar su nombre y plagarlo de olvidos, mientras erigían un pedestal al nuevo sucesor y heredero de los bienes del desaparecido comerciante.

Eliseo selló la boca con dinero a quien preguntó por Carmelo, incluyendo a su hermano Mario, a quien esa desaparición se le hizo muy sospechosa, pero para quien la tajada de los bienes que su hermano le prometió, a los que se sumó la promesa de ser el administrador de los posibles negocios, fueron suficientes para venderle el alma al diablo y no hacer preguntas sobre el paradero de su hermano Carmelo y, mucho menos, sobre los orígenes de las cantidades de dinero que ahora podrían circular a manos llenas.

Una de las cosas que más llamaba la atención de Eliseo en aquella casa era la presencia de dos regios y antiguos cofres, los que él había siempre querido revisar. Pero desde que lanzó a su hermano por las escaleras, por hallarse tan ocupado, no había tenido tiempo.

Los baúles, uno grande y con remaches de cobre pintados de color café y el otro, más pequeño, de color castaño, fueron cuidadosamente depositados sobre la cama y abiertos sin miramientos por don Eliseo.

Gracias al océano de fiebres que atravesaba Carmelo, no le fue difícil a Eliseo enterarse del paradero de las llaves y de los secretos de aquella casa, incluidos algunos de sus baúles. Carmelo deliraba y en medio de sus alucinaciones reveló muchas cosas de las que su hermano se aprovechó.

Eliseo sudaba a cántaros como si se encontrara nervioso ante una primera cita amorosa y el primer cofre grande no lo defraudó. Al abrirlo se encontró con una gran cantidad de antiguas monedas de oro cuyo valor comercial residía en su peso y antigüedad, ya que habían dejado de estar en circulación desde hacía muchas décadas. Algunos las llamaban morrocotas.

La satisfacción de don Eliseo era enorme, máxime cuando abrió el cofre color castaño y halló en su interior los títulos de propiedad de varios inmuebles, así como dinero en efectivo y una que otra joya. Sonrió, al juguetear con los documentos, cual niño con pelota nueva. Ahora nadie podría quitarle el placer de ser dueño y señor de todo aquello.

La corbata de su hermano, su reloj de cadena y la gargantilla de media luna que llevaba al momento de caer por las escaleras se convirtieron en valioso trofeo que dejó para sí, guardándolos en el sagrario que estaba junto a su cama.

Transcurría el cuarto día desde que don Carmelo fue lanzado por las escalas de su propio sótano cuando empezó a recobrar el conocimiento. Todo se le antojaba una horrible pesadilla, donde lo inverosímil se hacía real. Un fuerte dolor en la cabeza y en la pierna le producían mareos y empezó a vomitar. Se sentía muy débil y no lograba observar nada en medio de la oscuridad circundante.

Le tomó un par de horas recobrar el conocimiento y sentir que sus brazos estaban atados hacia atrás. Su pierna izquierda lo hizo gritar de dolor clamando por auxilio, pero nadie lo escuchó, nadie lo ayudó.

Se desmayó de nuevo, en medio de su vómito y sus excrementos.

Al día siguiente don Eliseo bajó a ver si su hermano ya había muerto y lo encontró respirando aún. Agarró un antiguo radio con la intención de romperle el cráneo, pero le falló la voluntad, flaqueó su "valentía". Había sido mucho más sencillo atacarlo desprevenido y por la espalda.

Buscó entre los muchos objetos que se acumulaban en aquel sótano y halló un colchón y una pequeña cama que, con presteza y desgana, colocó junto a una pared. Ató a su hermano Carmelo a las barandas de la cama y le inyectó otra dosis de calmantes. El enfermo lo observaba con ojos vidriosos, sin comprender la realidad de lo que sucedía. Todo le parecía un sueño, una burda pesadilla.

Carmelo miraba a su hermano y su rostro se difuminaba en mil caretas que se burlaban de su soledad.

Días o instantes más tarde, Carmelo despertó con un fuerte dolor de cabeza y una sensación de hinchazón en la pierna. No podía mover su cadera y su pierna izquierda era un amasijo de dolor.

Le costó mucho trabajo adaptarse a la oscuridad y sentía la boca seca. Un fuerte olor a orines perfumaba el lugar y pudo percibir el contorno de algunas vigas y elementos que él mismo había visto tantas veces en circunstancias diversas. Tomó conciencia por primera vez de que estaba herido y preso. Y lo más aterrador, solo. Cautivo en su propia casa.

En algún punto intermedio entre el dolor y el desmayo, Carmelo sintió pasos que descendían al sótano. La luz se le antojó dolorosa para sus pupilas dilatadas y su cuerpo débil no pudo reaccionar. Haciendo acopio de energía, intentó, en vano, mantener los ojos abiertos, mientras veía a su hermano Eliseo con un balde de agua y unas cajas de cartón. Se miraron, como cuando un toro observara a su matador antes de ser perforado por la espada y, luego, todo fue silencio.

Un tiempo después, que a Carmelo se le asemejó una eternidad, despertó sintiéndose mejor. Su pierna no le dolía tanto como antes y aunque su cabeza le pesaba como un yunque, pudo levantarla, para comprobar que tenía un material blanco rodeándole toda la pierna izquierda hasta la altura de la cintura. Todo, la pierna y la cadera hacían parte de un trabajo artesanal de yeso casero que de inmediato atribuyó a la visión anterior de su hermano con un balde. Pero, ¿por qué querría su hermano enyesarle la pierna en un sótano? La respuesta estuvo en la mirada de su hermano Eliseo, momentos después.

Carmelo lo miró con curiosidad y súplica, preguntándole por qué estaba atado a aquella cama y una mirada de fastidio le respondió con un frío silencio, mientras le tomaba el brazo para inyectarle algo que le cerró los ojos y la voluntad de inmediato.

Las horas transcurrían y Carmelo comprobó que estaba prisionero y, como si fuera poco, por su propio hermano, mientras se adaptaba y se fundía con aquel laberinto de oscuridades e incomunicaciones.

Una de las conversaciones más largas que tuvieron en todo ese tiempo tuvo lugar un día cualquiera en que Eliseo revisaba el estado del yeso aplicado en la pierna de su hermano.

—¿Cuánto tiempo llevo así? —preguntó, con firmeza, Carmelo.

Eliseo se encogió de hombros y rehusó la escrutadora mirada de su hermano, al tiempo que le decía:

—Por lo que pude comprobar, ese orificio en el suelo tiene conexión con alguna alcantarilla, eso te servirá de letrina.

—¿Qué pasó, Eliseo, por qué me tienes así?

—Es mejor que no hables o te volveré a privar —replicó Eliseo, con fastidio.

—¿Por qué me tienes preso? ¿Qué te hice, Eliseo, para que me hagas esto?

Los ojos de Eliseo se posaron inexpresivos en el piso de cemento y parecía rememorar dolorosos episodios, ya que sus labios empezaron a moverse haciendo grotescas figuras, cual si fuera un bebé irritado y replicó:

—¿Que qué me hiciste? ¿Y me lo preguntas con esa desfachatez? —los puños de Eliseo se fueron cerrando con furia, mientras de su boca salía un torrente de odio reprimido—. ¿Te parece poco quedarte con la fortuna de nuestro padre, que por derecho propio me correspondía?

Carmelo se quedó observando a su hermano y comprendió que no estaba tratando con alguien en sus cabales, así que cambió el tono de su voz y procuró adoptar un tono más indulgente.

—La herencia de mi padre era una falacia y tú lo sabes. Lo poco que mi padre nos dejó lo dividimos entre los tres y yo propuse que uniéramos todo el dinero y lo invirtiéramos juntos. Lo único que hice fue dedicarme a trabajar la parte que me correspondió, en vez de dedicarme a viajar y a festejar como lo hicieron Mario y tú.

—¿Y qué hay del cariño que me robaste? Mi padre solo tenía ojos para ti —repuso un iracundo Eliseo, quien parecía lanzar fuego por su boca.

Carmelo tomó aire para continuar, pero una fuerte bofetada de Eliseo le hizo ver estrellas y debido a su débil estado de salud, perdió el conocimiento de inmediato.

Eliseo sintió tanta furia que decidió no administrarle más calmantes, así lo recordaría por un buen rato cuando volviera en sí y lo invadieran los dolores.

A miles de kilómetros de allí una entristecida y preciosa mujer, con su bello rostro anegado en llanto, jugueteaba nerviosa con su cabellera azabache, minutos antes de abordar el avión que la llevaría de regreso a su país.

Se trataba de Carmen, la hija de Carmelo, quien se encontraba estudiando en París. Tras una larga pausa y un engorroso intercambio de avión en la capital, llegó una tarde de cielo límpido, cuyas lúdicas nubes pasaban raudas por la ciudad de la eterna primavera.

Había anunciado su regreso tras la noticia de la desaparición de su padre. Quien había respondido a la llamada había sido Eliseo y a este no le había quedado otro camino que decírselo a su sobrina, ya que si ella empezaba a preguntar a otras personas o, peor aún, a la policía, podría derrumbar sus planes.

Eliseo en persona decidió ir al aeropuerto para llevar a Carmen a un hotel, no sin antes haberle suministrado tantos calmantes a don Carmelo como para dormirlo por una semana.

—Que ya le dije que no me voy para un hotel. Yo iré a la casa de mi padre, esa es mi casa —le espetó Carmen, con ademán decidido, a un Eliseo cada vez más nervioso.

El taxi llegó hasta el centro de la ciudad, donde las palmeras bañaban los muros del hotel de Nutibara. Eliseo volvió a insistir para que su sobrina se hospedara allí, pero sus ruegos fueron tajados por las palabras de Carmen.

—La desaparición de mi padre me parece demasiado curiosa, por no llamarla extraña.

Eliseo percibió un tono decidido en la joven, así que le pidió al conductor que esperara e invitó a su sobrina a bajarse del taxi. Allí, lejos de los indiscretos oídos del taxista, dejó que la muchacha continuara su disertación.

—La semana pasada hablé con él por teléfono y me comentó que lamentaba mucho que ustedes continuaran solicitándole dinero prestado, en vez de invertir y trabajar con él. Su voz sonaba muy tranquila. No había nada en esa conversación que me indujera a pensar que estaba aburrido. Eso de que mi padre pudo haberse alejado voluntariamente de la ciudad, de su vida cotidiana y de sus negocios, me parece algo francamente estúpido.

—Todos sabemos que Carmelo era un hombre muy serio en sus negocios, pero sabes que una depresión le puede suceder a cualquiera —objetó Eliseo.

Carmen tomó aire y sintió que la brisa primaveral de su ciudad le venía bien. Era bueno volver a ver su ciudad, sus palmeras, sus calles. Amaba París, pero su corazón continuaba perpetuamente en aquella ciudad de flores omnipresentes. Se recostó en el taxi que los esperaba y miró fijamente a su tío.

—Que una persona sufra de depresión, lo creo, pero más en París que aquí, aunque es posible. ¡¿Pero en mi padre!?

—Bueno, eso fue lo que arrojó el informe policial —dijo Eliseo rehuyendo la franca mirada de Carmen.

—Yo debo estar en casa de mi padre —una lágrima pugnaba por salir de sus ojos, pero la joven estaba resuelta a no dar el brazo a torcer—. Ahí debo estar en este momento, por si alguien quiere comunicarse conmigo. Ya me encargaré yo de hablar con la policía y exigirles que me expliquen lo que han investigado.

Eliseo volteó para ver la monumental puerta del hotel con sus columnas y su gigantesca lámpara. Pensó en todo el dinero que había invertido en pagar silencios para que no se continuara hablando de la desaparición de su hermano, pero el último y único cabo suelto estaba parado frente a él, procedente de París.

Un vendedor ambulante se acercó a ofrecer cigarrillos y chicles en una caja de madera que portaba sobre su prominente barriga. Su almacén ambulante colgaba con comicidad, gracias a unas gruesas correas que caían desde sus hombros. Al ver que no le compraron nada, se alejó del taxi, observando descaradamente las pantorrillas de la joven.

Eliseo miró al vendedor perderse por la avenida de Greiff, donde peatones, vendedores y automóviles se entrelazaban en una peligrosa danza de modernidad.

—Tienes razón, debes estar en casa de tu padre —y con esas palabras, Eliseo invitó a subir a Carmen al taxi, al tiempo que observaba una gargantilla en forma de luna, enlazada por una cadena de plata, que se perdía en la abertura de una blusa demasiado escotada para los gustos recatados de la ciudad primaveral.

Le dio instrucciones al conductor para que se parqueara a dos cuadras de la casa de Carmelo, además, por la parte trasera. Ante una mirada de pregunta por parte de Carmen, Eliseo argumentó que la ciudad estaba cambiando y que la calle principal de la casa de su hermano estaba en reparación, puesto que estaban canalizando un riachuelo por donde pasaría una ancha avenida. Fue así como ninguno de los pocos vecinos que pudieron haber visto a Carmen por la fachada principal de la casona vio llegar a la heredera de Carmelo vestida con una blusa blanca de encajes y una bella falda de estilo español. Tío y sobrina entraron por la puerta que tenía uno de los muros del solar.

Lápida perenne de Carmen.

Solo entrar a la casa de su padre fue suficiente para que Carmen se derrumbara al sentir la soledad que reinaba en ella. Lejos estaba de imaginar que unos metros más abajo estaba su padre, amordazado, sedado e inconsciente.

Carmen empezó a llorar convulsivamente al tiempo que recorría los pasillos y salas de la casa. Se detuvo frente a la puerta de la habitación de su padre e intentó abrirla, pero comprobó que estaba cerrada. Preguntó a su tío el motivo y este le explicó que él se había mudado a vivir allí hasta que las cosas se normalizaran. Ella respondió que le agradecía el gesto, pero que ya no sería necesario, puesto que ella se haría cargo de la casa y de los asuntos relacionados con su padre, por lo menos, hasta que él apareciera de nuevo.

Una oleada de ira invadió a Eliseo, pero disimuló su enojo caminando hasta el patio y contemplando las plantas. Dijo que ella tenía razón que, por supuesto, la más adecuada para manejar los negocios familiares sería ella y que gustoso se iría de inmediato de aquella casa, pero que tomaran algo antes de irse, que le permitiera prepararle un refresco, ya que su viaje había sido muy largo y debía estar agotada.

Eliseo tomó la mano de su sobrina y la guió comprensivo hasta la cocina.

Carmen solo se sentó un instante en una de las sillas de la cocina, pero su nerviosismo podía más que su cansancio. Su tío abrió la nevera, pero dejó de servir los refrescos al escuchar la petición de su sobrina.

—¿Podrías comunicarme con la persona de la policía que esté a cargo de la investigación relacionada con mi padre, por favor? Eliseo sintió que una nueva oleada de odio lo cubría, capturando su voluntad y nublando sus escrúpulos. Ya había llegado demasiado lejos para quedarse con la fortuna de su hermano como para dejarse arruinar la fiesta por una mocosa impertinente con ademanes afrancesados. Aspiró algo que no sintió como aire, sino como veneno que taladraba sus sentidos. Cuando se giró para contemplar a su sobrina, escuchó que Carmen decía algo sobre la agradable brisa de su ciudad y que preferiría dejar la puerta del solar abierta.

Los ojos de Eliseo parecían a punto de saltar de sus órbitas cuando atravesó la espalda de Carmen con un cuchillo de la cocina.

Carmen sintió un fuerte empujón que la proyectó sobre la puerta del solar sin haber tenido tiempo de aspirar por última vez la brisa primaveral de la ciudad de las mil flores. Una rápida y caliente fuerza taladró su tórax y sintió un hilo tibio y viscoso extenderse por su espalda.

La joven vio un camino por recorrer y pasaron mil imágenes por su cerebro. Había dejado sin terminar uno de los trabajos en la universidad, la fiesta de cumpleaños que deberían celebrar la semana próxima en el restaurante español del barrio latino y la sorpresa que le estaba preparando a su padre cuando fuera a visitarla (pensaba invitarlo a cenar en aquel diminuto y romántico restaurante, frente a la torre Eiffel y, en un paseo en coche de caballos, a conocer los campos Elíseos). Ya no sabría el futuro que le esperaba con su prometido, de quien vio el rostro, ese joven italiano que le había pedido oficialmente que fueran novios en medio de una docena de flores rojas, bajo la luz de la luna, a orillas del río Sena.

Tantos recuerdos por guardar. Tantas cosas por hacer. Tanta gente por conocer. Y al final, nada. Sentía una fuerte frustración, mientras observaba diluirse todas esas cosas por hacer frente a una vieja puerta que conducía al solar de la casa de su padre.

Antes de su último suspiro, le pareció ver la imagen de

una bella mujer que le extendía los brazos. Su madre le daba la bienvenida a la eternidad. Después, todo fue oscuridad.

Eliseo sentía arcadas y un fuerte mareo lo sacudió cuando constató que la mujer que yacía de rodillas, reclinada sobre la puerta, con su camisa blanca bañada de sangre, estaba muerta. Empezó a vomitar y lanzó el cuchillo que aún sostenía en su mano contra una de las paredes de la cocina. Observó sus manos cubiertas de sangre y se sentó en la silla que segundos antes había ocupado su sobrina. Vio el negro cabello de la joven en desorden y fundiéndose en figuras con la sangre. Cerró sus ojos y cuando los volvió a abrir, no sabía cuánto tiempo había pasado, pero ya estaba oscuro. Se lavó las manos con agua y jabón y juró que nada ni nadie le arrebatarían lo que ahora era suyo.

Así como apresuradamente y sin pensarlo, había truncado con una puñalada la vida de su sobrina con la misma velocidad decidió que ahí debía terminar todo, sin explicaciones ni más gastos de dinero para comprar silencios.

Eligió el árbol más grande del solar y, allí, bajo las raíces de un enorme y bondadoso eucalipto, cavó una zanja con la complicidad de los altos muros y las silenciosas estrellas.

Carmen, sus pocas pertenencias y el cuchillo que le arrebató el aliento fueron arrojados de cualquier manera en aquella tumba improvisada.

Eliseo trabajó muchas horas para cavar la fosa, lavó todo el piso del pasillo y las paredes donde había dejado el rastro de sangre de su sobrina.

El amanecer lo encontró sentado con un pijama y un vaso de vodka en la mano. Dejó caer su cuerpo exhausto en la sala principal y cuando su hermano Mario llamó a la puerta y lo vio con ojeras y una palidez cadavérica, le dijo, observando su copa de licor:

—Es muy temprano par estar bebiendo, hermano.

—Nunca es temprano cuando no se ha dormido, además, desde hace mucho tiempo es tarde para mí —aseveró don Eliseo con la mirada perdida.

—No me gusta tu actitud, Eliseo. Algo muy insólito está sucediendo y tu rostro me lo revela hoy.

—Mario, es mejor no saber demasiado. Si te interesa continuar con los planes de manejar el dinero que dejó Carmelo tras su desaparición, no hagas preguntas —las palabras de Eliseo resonaban como una amenaza sobre su hermano.

—Recuerda que aún está Carmen. Aunque hace mucho tiempo que no viene al país. ¿Ella es la heredera de Carmelo, no crees? —inquirió Mario.

Eliseo apuró el contenido del vaso y sintió que el vodka y los recuerdos quemaban su estómago. Miró con tristeza a su hermano y le dijo que ella no sería un problema, que Carmen había telefoneado para decir que lamentaba lo de su padre, pero que con lo que tenía allá era suficiente para vivir, que ellos podían disponer de los bienes de Carmelo. Eliseo le dijo a su hermano que, además, debía tener en cuenta que ya hacía mucho tiempo nadie veía a Carmen ni sabía nada de ella, así que, sin haber un testamento a su nombre, nadie podría quitarles sus derechos.

Mario alegó que sin la existencia de un testamento, todo se complicaría y se dilataría por mucho tiempo, que esas leyes de sucesión eran muy complejas en aquel país y que entre abogados, leguleyos y tinterillos, se les iría la vida sin poder disfrutar del dinero de Carmelo.

Eliseo caminó tranquilamente hasta el comedor, llenó su copa de vodka y sacó un fajo de billetes de un cajón. Regresó a la sala donde esperaba su hermano, le hizo un gesto para que lo siguiera hasta la puerta, metió el dinero en el bolsillo de la camisa de Mario y, palmeándole afectuosamente la espalda, lo despidió con un guiño, diciendo:

—¿Y quién dijo que no había testamento?

Una vez que la puerta se cerró y sin la mirada de su hermano, don Eliseo se dejó caer en una de las rígidas sillas y se quedó con la mirada perdida. Bebió de un solo trago lo que quedaba del licor y cerró sus ojos.

Se despertó al medio día después de un letargo plagado de

pesadillas, donde la sangre de Carmen lo arrinconaba en un sótano. El viscoso líquido rojo ascendía sin prisas sobre su cuerpo hasta ahogarlo metiéndose por sus fosas nasales y fusionándose con su propia sangre.

Le dolía la espalda por el esfuerzo de cavar la fosa de su sobrina. Y el alma, por lo que le había hecho. Se bañó y bajó a ver en qué estado estaba su prisionero. Eliseo se quedó de pie frente a la cama donde yacía su hermano. Carmelo lucía demacrado. Parecía una momia petrificada por el tiempo y el olvido. El enfermo deliraba y la fiebre hacía presa de él. Abrió sus ojos y al ver a alguien frente a él, alucinó que se trataba de su hija. La llamó por su nombre y le susurró cariñosamente que le brindara un poco de agua.

Eliseo encontró en aquel delirio la solución al problema del testamento. Le suministró más calmantes y dejó a su hermano sumido en medio de la fiebre y las evocaciones.

No fue nada complicado pagar una propina extra a un hombre con lentes de búho que se protegía del sol con un paraguas atado a una cuerda, sentado en una silla de plástico con una Remington antediluviana que trabajaba en una acera en la avenida Carabobo en las inmediaciones del Palacio Municipal.

El leguleyo quedó encantado con la promesa del dinero que recibiría y no tuvo ningún reparo, ni escrúpulo, en redactar un testamento con la fecha que le solicitaban. Sin testigos, sin sellos, sin cédulas de ciudadanía. Allí, en medio de una calurosa tarde con olor a naftalina y a salpicón con helado, fue redactado el testamento que declaraba como heredero universal de los bienes de Carmelo a su hermano Eliseo.

Darle vida y legalidad pública fue mucho más sencillo que soportar el calor de aquella tarde, sentado en una caja de cerveza vacía, mientras el hombre de lentes de búho aporreaba su máquina de escribir.

Aquella misma noche Eliseo fue al sótano, convertido en prisión, y aprovechó el estado delirante de su hermano para decirle que se requería de su firma en unos documentos para que las autoridades migratorias permitieran el regreso al país de su hija Carmen, ya que ella había extraviado su pasaporte. Le dijo que su hija le pedía que le colaborara con ese sencillo trámite burocrático. Carmelo, en medio de su inconsciencia, se alegró de poder colaborar con el regreso de su hija y firmó cuanto papel le fue colocado delante.

A la mañana siguiente, en la oscura oficina de un notario público amigo de Eliseo, se adjuntaron las actas y documentos necesarios para dejar en la más completa ruina a la memoria de Carmelo quien a partir de ese día, quedó convertido en un desaparecido pobre como la memoria de los pueblos o la moral de sus hermanos.

Aquella misma mañana, Eliseo citó a su hermano Mario para que almorzaran en Junín, en el salón de té Astor. Allí, en medio de un olor a hojaldra y a pan recién horneado, Mario observó una copia del documento oficial del testamento.

Que sí, que era legal, que estaba debidamente diligenciado y que los sellos y firmas estaban al orden del día. Que todo saldría bien y que cuanto menos preguntas hiciera, mejor sería para ellos. Que, por supuesto, a partir de ahora él podría gozar de las delicias del dinero que su hermano les dejó. Que lo mejor sería cambiarle el nombre a algunas propiedades, pero dejando por sentado que ellos recordaban entrañablemente a su hermano.

De esa conversación, rematada con jugo de mandarina y milhojas con café, surgió la idea de La Carmelina y empezó a tejerse el enjambre de dinero alimentado por la ambición y la codicia.

Mil dolores más tarde, muchas horas después y mil pesadillas luego, despertó Carmelo, en medio de una oscuridad total. Sentía la boca seca y había perdido la noción del tiempo y el espacio. En medio de su debilidad se acordó de su esposa fallecida hacía más tiempo del que lograba recordar, de su hija, a quien no veía desde hacía más de tres años y de su padre, hombre recio y emprendedor. Los recuerdos se fusionaban mezclándose intermitentemente con las realidades o con los anhelos. Era una constante danza entre realidad y ficción.

Carmelo acostumbró sus ojos a la oscuridad y se negó a seguir desperdiciando energías en gritar pidiendo auxilio. Conocía suficientemente bien aquella vieja casa como para entender que era una extraña caja de resonancia donde todo se escuchaba si se estaba arriba, pero que desde aquel hoyo profundo que alguna vez fue la bodega familiar, no salían ni los chillidos de las ratas.

Su pierna izquierda fue soldando deforme con el transcurrir de los días. Se acostumbró a sentir una masa extraña, que ya no era blanca, en el lugar donde estuvo su pierna sana. El yeso se había convertido en un miembro más de su escasa musculatura. Su cuerpo se consumía con rapidez. Jamás logró comprender por qué su hermano trató de curar su pierna, si lo que deseaba era su muerte.

Se adaptó a su inmovilidad con más tristeza que asombro, después que su hermano, convertido en carcelero, le desatara un día cualquiera las manos y le aprisionara la pierna derecha con una larga y gruesa cadena sujeta a una de las vigas del techo.

Fue a raíz de una corta conversación con su hermano quien ahora llegaba a la celda una vez al día para llevarle pan y una sopa aguada, cuando supo con certeza que Eliseo lo odiaba desde hacía años, tal vez desde el momento mismo de nacer, ya que por ser Carmelo el menor de los tres, se convirtió en el centro de atención de su padre desplazando el cariño prodigado a los demás hermanos.

Los logros de Carmelo, su tesón por salir adelante y su suerte con las mujeres fueron suficientes como para colmar de resentimientos el alma de Eliseo.

La mujer con la que se casó Carmelo, una fina y esbelta trigueña de padres franceses, fue siempre el amor secreto y prohibido de Eliseo. Se enamoró de ella desde el momento mismo en que Carmelo la presentó en su casa y maldijo no haberla visto primero que su hermano. Fraguando planes de secuestro y venganzas inconclusas, rumiaba sus penas cada noche alimentando así un monstruo en miniatura que tardaría años en salir de su caparazón.

Deseó a la mujer de su hermano en silencio y a nadie le manifestó su pasión, ni siquiera a ella misma.

Con el nacimiento de su sobrina Carmen, al prosperar los negocios de su hermano o al verlos siempre unidos y felices, los rencores de Eliseo crecían día a día.

En un lluvioso mes de abril, una pulmonía se llevó a la esposa de Carmelo y aunque le dolió la muerte de su amor prohibido, para Eliseo fue un motivo de regocijo ver a su hermano destrozado por el dolor.

Jamás tuvo sosiego. Cada logro de Carmelo era para Eliseo una puñalada a su ego. Las personas de pobre espíritu siempre están al acecho para regodearse con los tropiezos de los demás. Así era Eliseo. Un muerto ambulante. Un ente sin razones para vivir, sino para gozar de los fracasos de los demás.

Carmelo comprendió, en la soledad de su encierro en aquel frío sótano, que esa sería su tumba. Pues si su hermano se había atrevido a llegar hasta tan lejos, ya no correría el riesgo de dejarlo hablar con nadie. Los días pasaban y a medida que su pierna sanaba y se encogía como una rama seca, las visitas de su hermano se limitaban a entregarle un poco de comida.

Los primeros días, antes de que le quitara definitivamente el yeso que él mismo le había colocado, Carmelo observó a su hermano Eliseo hurgar entre los cofres, armarios, cajas y estanterías del sótano, llevándose consigo cuanto objeto de valor encontraba a su paso. Comprendió así que estaba irremediablemente perdido, que la ambición de su hermano había superado cualquier límite y que de él no podría esperar sino la muerte.

Los días y las noches eran la misma rutina, se limitaba a observar la oscuridad como quien mira la urna de un cielo sin estrellas. Una boca amplia, sin dientes ni esperanzas, dispuesta siempre a engullirlo de un bocado.

Contempló con horror cómo el frío del sótano, la inactividad, la mala alimentación y la herencia paterna se hacían presentes en sus articulaciones acelerando un proceso irreversible de artritis. Lo empezó a sentir en los dedos de sus pies y, lentamente, como una zarza que cubre un tronco abatido por el viento, comprobó que la deformación de sus extremidades estaba palpable en sus manos.

Lo peor aún estaba por llegar. Cuando un olor fétido, mucho más fuerte que el de sus excrementos, empezó a invadir el sótano que le servía de sepulcro, se enteró de que la posición que había mantenido durante tanto tiempo empezaba a causarle estragos en la carne y las pústulas y llagas de su piel cansada y reseca empezaron a supurar una materia viscosa y a destilar agua y sangre.

Eliseo era consciente del deterioro de su hermano, pero nada lo puso tan feliz como comprobar que aquellas llagas culminarían el trabajo que él no fue capaz de terminar. Las infecciones causadas por aquellas costras, tarde o temprano acabarían con la resistencia física de Carmelo.

No tardó mucho tiempo para que Carmelo no sintiera las piernas. Las fracturas sufridas en la pierna y la cadera se sumaron a la artritis y le impidieron completamente el movimiento de sus miembros inferiores.

En repetidas oportunidades, Carmelo solicitó a Eliseo que le permitiera moverse, cambiar, por lo menos, de posición. Pero eran palabras que caían en terreno estéril.

Una vez al mes y en vista de que su hermano Carmelo no se moría de una buena vez, no le quedó más remedio a Eliseo que lanzarle un par de baldes con agua para mitigar en algo el fuerte olor rancio que empezaba a treparse por los muros como animal en acecho.

Lo que empezó como un artilugio de aseo fue rápidamente tomado al vuelo por Eliseo quien vio en la reacción del cuerpo de su hermano una posibilidad de acelerar su muerte.

Lo descubrió gracias a una tos seca y prolongada que tenía constantemente su hermano. Así, pues, decidió darle un par de baldazos de agua una vez por semana, de tal suerte que no tardó en aparecer una bronquitis y, más tarde, lo que parecía ser una neumonía.

Eliseo estaba feliz porque con cada bocanada de aire que luchaba por aspirar Carmelo, estaba seguro de que se acercaba el momento de reunir al padre con su hija, que para eso el solar era bastante amplio.

La mañana en que Carmelo decidió no morir, estaba observando cómo su hermano le dejaba un plato de arroz sobre la pequeña mesa.

—¿Podrías, por lo menos, decirme cómo está Carmen? —suplicó melancólico Carmelo con la mirada perdida en el techo.

Eliseo detuvo su camino y comprendió que era hora de dar un gran paso para purgar aquella pena que desde hacía meses lo estaba corroyendo. Y, de paso, tal vez provocarle un ataque cardíaco a su hermano.

Giró con lentitud y se sentó en el segundo de los escalones antes de ascender la escala. Carraspeó buscando la atención de Carmelo. Cuando este lo hubo mirado, sostuvo sus ojos puestos en las dilatadas pupilas de su hermano preso y al pronunciar aquellas palabras, aceptó su culpa y, sin saberlo, empezó a recibir su castigo:

—Carmen vino a buscarte. Está enterrada bajo el eucalipto del solar. Yo mismo la asesiné.

Eliseo se quedó esperando una reacción violenta de parte del hermano, con la ilusión de que una noticia de tal envergadura le ahorrara el martirio de bajar constantemente a aquel sótano, al producirle un infarto a su hermano. Pero se quedó helado e inmóvil con lo que observó.

Carmelo sintió que un rayo le atravesaba el alma. Percibió un fuerte estruendo en su interior, como el de un sueño quebrándose en mil fracciones, al enterarse de la suerte que había corrido su hija, su único motivo para vivir. Decidió morirse en vida, pero sin darle el lujo a su hermano de gozar de su muerte.

Sus pupilas se dilataron, se le congeló el aliento, sus facciones adquirieron una rigidez inusitada, detuvo un torrente de lágrimas en su interior sin dejar escapar ninguna. Observó desde los confines del dolor a su hermano, que había dejado de serlo para siempre y se propuso vengar la muerte de Carmen. Carmen, su razón de ser, el motivo que le alegraba las penas, ahora ya no existía. Frente a él tenía a su verdugo. Al matar a su hija, lo había matado a él también. Y no se puede asesinar dos veces a una persona. Eso Eliseo no lo sabía y de esa forma le haría pagar su cobardía.

Sostuvo la desafiante mirada de su hermano y luego cerró sus ojos para llorar cuando él no lo viera. Por su mente pasaron mil formas de vengar a su hija, pero se inclinó solo por una. Decidió no morir.

A partir de ese día Eliseo empezó a morir.

Con el fin de acelerar el proceso de una muerte que estaba tardando demasiado en llegar, Eliseo compró, por un par de pesos, un perro olvidado de la mano bondadosa de la naturaleza. Un pequeño engendro cuyo pelambre lo hacía asemejarse más a una rata gigante que a un perro diminuto. Lo vio en la calle mientras le mordía la pierna a un vendedor ambulante y al ver sus pequeñas y feroces fauces, una cruda idea le cruzó por la mente. Compró el perro a su dueño y lo llevó en una caja de cartón a su casa.

Observó al perro bajar con agilidad las escaleras y cerró la puerta, esperando que la suerte decidiera lo demás.

Dos días más tarde bajó y se quedó estupefacto al ver al perro dormir plácidamente a los pies de la cama. Maldijo la irónica sonrisa de su hermano, quien sabía muy bien cuáles habían sido sus negras intenciones.

A las dos semanas, una tarde en que Eliseo bajó para llevar agua a sus presos, encontró al perro lamiendo las heridas de Carmelo y comprendió el porqué de la rápida cicatrización de ellas.

Sacó al perro del sótano, lo sacó a patadas de la casa, pero el animal no se movió un ápice de la puerta; aunque esta se la cerraron en su hocico, permaneció aullando por varias horas. A Eliseo no le pareció buena idea llamar la atención de esa manera, así que le abrió de nuevo la puerta y lo dejó entrar. El perro entró como una flecha y se perdió para siempre de su vista al bajar de nuevo las escalas del sótano y meterse bajo el camastro que le servía de refugio a Carmelo.

En cada oportunidad en la que Eliseo bajaba allí, el perro corría a esconderse antes de que lo viera. Y eso para él era una bofetada del destino, ya que ni los perros aceptaban su presencia. Sintió que era muy triste comprar el afecto con dinero, pero esa parecía ser su suerte.

Para Carmelo, el perro fue la única conexión con el mundo vivo. El único ser noble que, sin ninguna culpa, estaba pagando las penurias de vivir encarcelado en aquellas cuatro paredes putrefactas.

El sentir la débil cola del perrito y su afecto, lo hacían aferrarse a la vida y recordar, cada vez con más fuerzas, a Carmen.

El perro lamía cariñosamente las heridas que se producían con frecuencia en la piel de Carmelo y tomaba pequeñas raciones de la siempre escasa y rancia comida. Sin embargo, el perrito de extraño pelambre se sentía feliz con su nuevo e improvisado amo. A veces transcurrían las horas en las que Carmelo no tenía otro confidente que el silencioso perro, así que se enfrascaba en devaneos con su interlocutor, quien lo observaba impávido o respondiendo con un movimiento de cola y un lastimero y agónico ladrido.

En numerosas ocasiones se preguntó si estaría perdiendo el juicio, puesto que pasaba eternas horas conversando con el perro. Así descargaba su necesidad de comunicación con el único ser vivo que se preocupaba por él. Y en realidad, el único ser que lo sabía con vida, aparte, claro está, de su captor.

Desde la forzada comodidad de sus sábanas sin limpiar, su colchón húmedo y sus almohadas improvisadas, Carmelo le explicaba su plan al perrito. En ocasiones le parecía que su amigo canino lo estaba escuchando, pero otras veces observaba a su perro dormitar sin vergüenza sobre el discurso que había entablado su amo.

Mustia y folclórica versión criolla de Robinson Crusoe.

Carmelo luchaba por mantener la cordura e inteligencia que siempre lo caracterizaron en sus años mozos. Pero ante su mirada atónita, empezaba a percibir enormes hoyos negros en su memoria, glaciares eternos en su cerebro. La pésima alimentación, la falta de medicamentos adecuados, los nulos cuidados higiénicos, la soledad, el encierro, la rabia y el abandono se encargaron de hacer el resto.

Qué lejos veía las tardes donde se regodeaba disfrutando una noche de buena ópera, en el célebre teatro Bolívar. O las gloriosas manifestaciones histriónicas de juglares europeos que recorrían toda la geografía latinoamericana, pero se quedaban gustosos, embelesados con los aplausos y la cultura del pueblo medellinense en el circo-teatro España, o las películas de cine mudo y las zarzuelas u operetas compartidas con su esposa en el famoso teatro Junín.

Atrás, muy atrás en su memoria, en algún gabinete empolvado de anquilosados recuerdos, estaban sus paseos por calles provistas de refulgente pavimento del barrio Prado y alfombradas dos veces al año, de color amarillo intenso, por las flores que desprendían longevos y majestuosos guayacanes. Le encantaba llevar a pasear a su hija Carmen, luego de degustar un helado de chocolate y escuchar a la banda de música de simpáticos viejecitos sin dentadura, que hacían sonar sus instrumentos como grandes virtuosos de la música en el parque Bolívar después de la misa dominical del medio día.

Al pensar en el olor de los guayacanes, en las obleas con ariquipe, en el perfume de su esposa o en un humeante chocolate recién batido, comenzaban las lágrimas a aflorar en sus mejillas. Desde que estaba en aquel inhumano encierro, ni sus fosas nasales detectaban ya la miseria de sus excrementos. Perdió el sentido del olfato y se lo agradeció a su cuerpo, ningún ser humano con sus cinco sentidos hubiera podido resistir aquel olor a encierro y muerte. Hasta Eliseo se colocaba un pañuelo anudado a su cuello y a veces se aplicaba Vic VapoRub en su nariz para resistir aquel tormento.

Sus horas eran un peso muerto. Un lugar en el vacío que solo podía llenar con retazos de recuerdos.

A su mente vinieron las retretas a las que llevaba a sus dos mujeres, su esposa y su hija quienes, finamente vestidas, lo acompañaban de compras a la plaza del mercado frente a la estación del ferrocarril de Antioquia. Carmelo siempre criticaba —divertido— la elegancia de su mujer para vestir, incluso para asistir a una plaza de mercado como aquella, pero ella le respondía que una dama se vestía para ella, sin importar el lugar al que asistiera.

Y es que los modales, la cultura y el refinamiento de su esposa eran la envidia de la ciudad. Sus viajes a París y su educación francesa eran motivo de admiración en medio del círculo de mujeres que veía con buenos ojos todo lo que proviniera de Europa.

Solían caminar muy felices por la plazuela Nutibara y por el ya inexistente Paseo de la República. Qué bella época, qué lindos momentos compartidos en medio de una ciudad floreciente, altiva y pujante que se había ganado a pulso el título de *La tacita de plata*, donde ningún peatón arrojaba basuras en la calle.

Por esa época nadie lo tildaba de huraño ni de introvertido. Todo empezó con la muerte de su esposa —tras una rápida y devastadora enfermedad— lo que hizo que sus sueños se convirtieran en cenizas.

De ser el padre, hombre feliz y próspero comerciante, que regalaba a manos llenas a cuanta persona tocara a su puerta, pasó a ser un hombre amargado y triste, que no hablaba con nadie y no permitía la presencia de seres a su alrededor, más que el tiempo estrictamente necesario para hacer negocios.

Cuando su esposa murió se enclaustró en sí mismo y envió a su hija de vacaciones a París. No permitió que sus amigos se acercaran para sacarlo del ensimismamiento en que estaba cayendo y no logró asimilar el duelo de esa pérdida. Siempre permaneció con la imagen de su esposa intacta en su ser.

Para cuando su hija retornó a la ciudad, se encontró con un padre adusto y lejano que la trataba con deferencia, pero con tristeza en su alma. Ni la sonrisa en flor de Carmen le devolvió la vitalidad a las acciones de Carmelo. Había sepultado su buen humor con su esposa.

Muchos años debieron pasar para que Carmelo volviera a sonreír, pero siempre con una vaga sombra en su mirar. Carmen se convirtió en su verdadera y única razón de vivir. La educación y el buen corazón de su hija terminaron de moldear a su padre, quien se esforzó por jamás caer en la tentación de la usura. Fue así como su floreciente prendería era la más solicitada en la ciudad.

El paso del tiempo hizo su trabajo, acabó con los pocos amigos que Carmelo frecuentaba y, así, se volvió un hombre solitario, enfrascado en su oficina mientras su hija estaba de viaje porque, al crecer Carmen, ella era con la única persona con la que salía a comer a los restaurantes o a los salones de té del centro de la ciudad.

En medio del más completo encierro, tedio y falta de esperanzas en aquel sótano, Carmelo se preguntaba, nostálgico, cuántos de los cinco mil árboles plantados en el Bosque de la Independencia permanecerían de pie y qué sería de sus empleados, su prendería y su fortuna. Se preguntó, incluso, qué sería de su modista, la noble y compleja mujer a la que le gustaba presumir de dolores que estaba lejos de sufrir. Ella era una maestra en el arte textil, simplificaba la más compleja costura con un solo mirar.

Carmelo, en medio de sus desvaríos, mencionó al hijo de la modista, como podría haber mencionado a cualquier otra persona. Así, a causa de la más inocente casualidad, quedó sellado el destino del joven en cuestión.

Ocurrió una mañana en la que Eliseo escuchó a Carmelo hablar toda la madrugada. No paraba de dialogar y departir con su perro quien, cansado de escucharlo, se quedó dormido sobre su regazo. Eliseo bajó a dejarle sobre su mesa un poco de agua de panela y oyó en repetidas oportunidades a Carmelo hablar muy bien de las virtudes y el futuro del hijo de la modista.

Y así, por el azar y la envidia, se fue cerrando el círculo de posibilidades de un joven que, como en un rutinario pero fatídico juego de ruleta, se arriesgó a todo.

—Si yo necesitara un socio —le decía Carmelo a su perro dormido— sería, sin duda, el hijo de la modista. Ese chico tiene temple y ganas de tragarse el mundo de un solo bocado. Lo que pasa, amigo mío, es que aún el joven no sabe que tiene tanto potencial. Pero sí, ese muchacho es un diamante en bruto y nada me gustaría más que pulirlo.

Eliseo sabía de la existencia de esa costurera y se juró que averiguaría de qué hijo estaba hablando. Esa misma mañana se prometió que le robaría hasta aquel deseo a su hermano. Si existía un diamante en bruto que requiriera ser pulido, sería él, Eliseo, y nadie más, quien lo haría. Nuevamente le ganaría la partida a su hermano Carmelo.

Había días en que Eliseo iba y encontraba a Carmelo con la vista en el techo, dialogando abiertamente con su hija. El enfermo ni se daba por enterado de que su captor estaba presente.

Otros días, sin embargo, su carcelero encontraba a Carmelo lúcido y exigiendo cuentas del porqué de su encierro. Lo miraba a los ojos con ira contenida y no dejaba de reclamarle su falta de escrúpulos y su mísera condición de hombre sin principios.

En alguna oportunidad la paciencia de Eliseo parecía llegar a su punto más álgido, ya que su hermano Carmelo le reclamaba el haber sido el más cobarde de los tres hermanos, puesto que jamás se atrevió a invertir ni a trabajar en equipo con su padre ni con él.

La sola mención de su padre en aquella mazmorra improvisada bastaba para que Eliseo temblara de pies a cabeza. Sabía a ciencia cierta y con plena conciencia de su error que lo que estaba haciendo era un flagrante atentado contra la memoria de su padre, quien siempre les había inculcado la unión, el trabajo en grupo, el amor y respeto entre hermanos.

Escuchar el nombre de su padre en aquel sótano era para Eliseo un fuerte castigo. Sin importar si Carmelo lo traía a colación estando lúcido o soñando, que mencionara a su padre mientras él mantenía a Carmelo atado a aquella cama mortuoria, era echarle sal a su herida abierta, clavar un puñal en su alma penitente, pero sin deseos de contrición. Eliseo se había convertido en un judío errante dentro de aquella casa, en un ser desprovisto de arrepentimiento, pero que lamentaba a cada segundo lo que estaba haciendo.

Si tan solo Carmelo se muriera de una buena vez, tal vez Eliseo podría descansar confortablemente y vivir de los dividendos de sus negocios.

Pero Carmelo no moría. No se quería morir.

La resistencia desplegada por el cuerpo de Carmelo era motivo de admiración y, por supuesto, de rabia para su hermano.

Eliseo, semana tras semana, no podía concebir que su hermano permaneciera con vida, aun después de que no le llevara líquidos a diario, ni alimentos que lo ayudaran a soportar su encierro, Carmelo vivía, incluso, con esa artritis galopante que estaba haciendo de su cuerpo un desecho de miembros inútiles y ramificados, como ramas caídas de un viejo arbusto.

Aquel desecho de huesos en que se había convertido Carmelo se confundía con las sombras del sótano, con la raída sábana que lo cobijaba, con los suspiros enclaustrados de los dos hermanos y con las pesadillas diarias de Eliseo.

Ver a su hermano muerto era lo que más placer le hubiera producido a Eliseo pero, ante la incapacidad de acabar con su esquelético ser, aquel deseo se le hacía una utopía impensable. Todas las mañanas rezaba para que aquel guiñapo de piel y ojeras dejara por fin de respirar. Ya habían pasado dos años y Eliseo no soportaba más ese autoexilio al que había debido remitirse.

Carmelo dejaba transcurrir el tiempo mezclando la realidad con su imaginación, sus fantasías o pesadillas. Para él no tenía razón de ser el seguir vivo, a no ser que fuera para mortificar con su existencia a su captor. Por ello, en medio de luces, escenas, personajes y monstruos en su cerebro, pareció percibir un interés en su hermano por sus palabras, así que decidió aferrarse a esa luz como única tabla de salvación.

Para Eliseo, ya nada importaba de la vida de Carmelo. Solo le importaba su muerte y como esta tardaba en llegar, se enfrascaron en una lucha psicológica de poderes donde cada uno quería demostrar quién era el más fuerte. Nada en la vida de su hermano estaba fuera de las manos de Eliseo. Su dinero y sus bienes habían pasado a sus bolsillos. Nada poseía Carmelo, salvo sueños o pesadillas.

Fue en ese aspecto que Carmelo encontró algo que aún deseaba. Sus sueños. Y Eliseo estaba dispuesto a arrebatar hasta el último de ellos de su vida.

Un día sin tiempo estaba Carmelo dialogando con su perro a quien le costaba trabajo incorporarse debido a lo raquítico de su estado y le confesaba a él que le gustaría contratar a un ayudante, alguien en quien pudiera confiar y que ya tenía a ese alguien en mente.

Eliseo escuchó toda esa disertación y no era la primera vez que su hermano lo mencionaba. Se sentó en las escalas con expresión curiosa y le preguntó a su hermano, restándole interés a su voz:

—¿Y de qué te serviría contratar a un muchacho así?

—El hijo de la modista tiene mucho talento, es un joven despierto, ya verás que cuando logre salir del yugo de sus padres demostrará todo el potencial que tiene. Ese es el tipo de persona que se necesita en mi negocio —respondió Carmelo.

—¿Tanto confías en él? —preguntó Eliseo curioso.

—No confío aún en él, puesto que todavía no trabaja para mí, pero sí creo que será un buen hombre de negocios, una persona a la que hay que darle tiempo. Sé que es el tipo de hombre que podría convertirse en mi mano derecha.

Los apagados ojos de Carmelo brillaban con expresión ausente al pronunciar aquellas palabras, pero más brillaron, incluso, cuando pudo entrever en las palabras de Eliseo un fuerte interés por aquel muchacho, una codicia a toda prueba que ninguno de los dos hermanos logró captar en su momento.

Así como lo percibiera antes, Carmelo era consciente de que había nombrado al hijo de la modista sin ningún interés particular, pero las cosas habían cambiado desde que lograra llamar la atención de su hermano, por lo tanto, estaba decidido a llevar aquel juego de azar hasta sus últimas consecuencias.

Tal vez, llevar a su hermano Eliseo a encontrar al hijo de la modista fuera su ancla con la realidad, que se evaporaba cada vez más de su isla de realidades. Nada tenía que perder y mucho podría ganar, al encadenarlo a vivir con el peso de trabajar con un recuerdo viviente de su codicia y perniciosa envidia. Fue por ello que no perdía oportunidad cuando su anquilosado cerebro se lo permitía, de explayarse en virtudes y posibilidades, que en realidad estaba lejos de conocer, de aquel muchacho que había visto tan solo un par de veces y que, por su corta edad, aún estaba distante de demostrarlo.

Eliseo mordió el anzuelo y se hizo la promesa de averiguar sobre aquel chico y robarle ese último anhelo a su hermano. Si ese joven era tan buen ayudante como Carmelo decía, sería él quien lo tendría y no su hermano. Para Carmelo las horas eran meses. El concepto del tiempo se modificó en su cerebro desde el instante en que su hermano confesó haber asesinado a su hija Carmen.

La vida en aquella casa se convirtió en un acto monótono de supervivencia, donde Carmelo luchaba por no morir, aunque se sintiera muerto en vida y a pocos metros, sobre aquel sótano, su hermano Eliseo vivía solo para ver morir a Carmelo, sin importarle que también él estuviera muriendo desde que no había logrado asesinarlo.

Carmelo, con sus manos deformes por la artritis, su resistencia titánica para no morir y su anhelo por vengar la muerte de su hija luchaba por amargar la victoria que su hermano creía poseer al haberle robado su dinero. Se demoraba, así, en entregarle lo único que Eliseo necesitaba para el triunfo total: su vida.

Al final, después de tanto pensar, ya no quedan ni los pensamientos. Solo permanece el deseo de tener la mente en blanco para que el tiempo pase de largo, sin mirarlo, ni tocarlo... Burlar el tiempo y su látigo silencioso.

Como una llama sin oxígeno fue su cerebro extinguiéndose hasta la última chispa de vida. Al poco tiempo de haber cumplido dos años en aquel infierno, comenzó a confundir la realidad con la fantasía. Empezó a ver animales donde solo había sombras y personas, donde únicamente había vacío.

Comenzó una etapa de aislamiento en su cerebro en la que poco le importaba si comía o no, si vivía o no. Había luchado por no morir, pero su cuerpo ya no soportaba más los embates del tiempo: la quietud y el olvido. Soledad, en su más alta expresión.

Empezaron a visitarlo en sus sueños, seres que jamás existieron y familiares que nunca conoció. Su hija también fue a visitarlo varias veces acompañada de sus abuelos y personas desconocidas.

Eliseo empezó a sentir el inicio del fin cuando escuchaba a

Carmelo gritarle a pleno pulmón a un ladronzuelo de mangos para que se bajara de la tapia del solar de su casa o regateaba el precio de las naranjas a un vendedor de la plaza. Cada una de sus idas al sótano era una incursión en el cerebro de Carmelo que día a día iba mostrando más deterioro.

Lamentos agónicos, silencios truncados, frío, calor, soledad, un mar de sensaciones en la profundidad del pensamiento de Carmelo que se agitaban como un torbellino.

En algún momento de ese clímax de ausencias, miedos y aislamiento, Carmelo tuvo un instante de lucidez para decirle a Eliseo las dos últimas palabras que profirió, helándole, de paso, la sangre a su hermano.

—Nos veremos.

Fue todo cuanto le dijo Carmelo a Eliseo, una tarde, cuando su espíritu encontró una ventana para comunicarse con la realidad infernal en la que estaba consumiéndose.

Después de aquella tarde lúcida, Carmelo cayó de nuevo en un estado de inconsciencia de la que no volvería jamás. Un mes más tarde, murió, ante la mirada atenta del que fuera su último amigo. Fue el perro el único ser que lamentaría su muerte.

Falleció en la misma soledad que lo cobijó durante su encierro.

Al bajar al sótano, a Eliseo no le extrañó el silencio de Carmelo, pero sí el lastimero aullar del perro quien, de manera cadenciosa, emitía roncos sonidos.

Carmelo yacía en la posición de siempre, boca arriba, solo que esta vez tenía las manos cruzadas sobre el pecho, como si él mismo hubiera adoptado esa posición para recibir su muerte. Una inusual y benévola sonrisa le embargaba su demacrado rostro.

Tantos meses esperando ese momento y ahora no sabía cómo actuar. Eliseo colocó su mano en el cuello de su hermano y comprobó que su pulso ya no latía y la frialdad de su cuerpo le aseveró la noticia que esperaba.

Carmelo había quedado reducido a una maraña de articulaciones enrevesadas y a unos restos de piel colgando de sus huesos.

El perro calló su lamento y se metió debajo de la cama. Eliseo se dejó caer en las escalas y no pudo contener el ataque de felicidad que lo embargó. Durante las dos horas siguientes rió con efusividad y regocijo para darse cuenta, al final, de que esa risa se le ahogaba en conatos de lágrimas que pugnaba por repeler. No lo consiguió y después de las risas, llegó un mar de lágrimas que le inundó el alma.

Luego, todo fue silencio en aquel sótano. Pero en su alma empezó un ruido continuo que lo acompañaría hasta el momento de su muerte.

Fue más difícil de lo que se imaginó subir aquel cuerpo raquítico y llevarlo hasta el solar. No sabía si le pesaban los huesos de su hermano o el remordimiento. Lo sepultó con los mismos harapos con que había fallecido y con el mismo silencio que envolvió su secuestro y su muerte.

Desde aquel momento el viejo eucalipto del solar aromatizó la casa bañando con su perfume, en forma de llanto, todos sus rincones. De esa forma se convirtió en un recordatorio perenne de las acciones de Eliseo, quien no podía inhalar una brizna de aire sin recordar el momento en que arrojó el cuerpo de su hermano, con un golpe seco, sobre la tierra tan negra como su alma.

Al día siguiente, después de enterrar a su hermano en un hueco cavado cerca del que contuviera a su sobrina Carmen, Eliseo bajó al sótano para borrar las evidencias de lo que había sido la permanencia de Carmelo allí y encontró al perro muerto a los pies de la cama. Había dejado de aullar en la mañana tras una sinfonía ininterrumpida de lamentos nocturnos.

Con más fastidio que pesar, Eliseo arrastró el cuerpo del famélico perro en un costal hasta el solar, pensando en lo irónico de aquella situación. Llegó a sentir enojo contra aquel cuadrúpedo que se suponía debería haber terminado los días de vida de su hermano. Y parecía que el perro se había dejado tomar por la tristeza, lanzándose a los brazos de la muerte para alcanzar a su amo. Antes de precipitar el costal con los despojos de aquel canino, no pudo reprimir propinarle una patada que lanzó con mil improperios por haber tomado partido del lado de Carmelo.

Así, el costal con el cuerpo del perro compartió la fosa donde yacía el cadáver de Carmelo cubierto con una sábana.

Eliseo limpió una y otra vez aquel sótano, pero debió darse por vencido cuando, pasados ocho días, no conseguía un aroma agradable. Lo intentó con todo, desde la creolina, el cresopinol, la naftalina y cuanto desinfectante se le atravesara en el camino. Quemó incienso, frotó las paredes, hasta brotó sangre de sus manos, quemó mil objetos y un sinfín de recuerdos. Pero de sus cenizas se levantaba de nuevo cada segundo pasado junto a su hermano.

Finalmente comprendió que el olor no provenía del sótano, sino de su propio interior y, al sentirse sucio, empezó a bañarse con agua de colonia. Olor que lo caracterizó el resto de sus días.

Decidió, como macabra broma, conservar la cama, la cadena con la que encadenó a Carmelo, la mesa de noche y, por último, para rematar la diabólica broma cargada de simbolismos, sacó del sagrario de la habitación la última corbata de seda que portaba su hermano en el momento de ser secuestrado. A fin de cuentas, sabía que nadie, jamás, podría saber lo sucedido allí.

Su hermano Mario lo vio muy agitado a las dos semanas de la muerte de Carmelo. Eliseo lucía demacrado y huraño. A regañadientes, respondía a sus preguntas con monosílabos y Mario comprendió que debía tragarse para siempre sus dudas.

Mario se convirtió en la mano derecha de Eliseo. Todos los negocios y diligencias que él no pudo realizar mientras velaba el cautiverio de Carmelo, se los había encomendado a él. Y aunque Mario se había preguntado cuál sería el motivo por el que Eliseo no se ausentaba mucho tiempo de la casa que había pertenecido a Carmelo, no recibía a nadie en ella ni le permitía a él entrar en el antiguo cuarto de Carmelo, prefería no hacer preguntas y recibir el dinero que le entregaba su hermano. Así podía llevar su vida de mujeriego que tanto placer le proporcionaba. Por él, las preguntas podían quedarse en el aire.

Era un silencio comprado ante la promesa de un olvido que jamás llegaría.

Ahora, con el sótano desocupado del terrible peso que representaba Carmelo, Eliseo se sentía libre de nuevo para empezar a responsabilizarse directamente con los negocios y comenzó a desplazar gradualmente a Mario, relegándolo a un segundo plano. Los dos hermanos eran conscientes de que ahora estaban trabajando más. Pero tanto dinero puesto a sus pies motivó sus instintos para seguir ideando nuevas formas de multiplicar el capital sin importarle nunca su procedencia.

Eliseo consolidó con rapidez una fértil cadena de prenderías cimentada en la de Carmelo que ya había empezado a triunfar. Gracias a altos intereses que le generaba la especulación y la usura y mezclando dinero con actividades del contrabando de telas, rememorando así lo que había hecho su abuelo con el tabaco y los licores, convirtió el capital de Carmelo en una lucrativa empresa, cuya mayor fuente era alimentarse de la buena fe de las personas y evadir las leyes establecidas.

Un mes después de haber sepultado a su hermano, Eliseo abrió la puerta del solar y vio las ágiles ramas del eucalipto bailar con el viento. Hizo un rápido inventario mental de las pertenencias que ahora poseía y se sintió satisfecho. Miró con desdén la tierra removida, donde reposaban los cuerpos, que empezaba a llenarse de hierba, y justo cuando se disponía a cerrar la puerta tras sí y, con ello, ese capítulo de su vida, un frío laceró sus entrañas, al escuchar a lo lejos el lastimero y familiar aullido de un perro.

CAPÍTULO TRES

Al despertar, estaba llorando. No sabía cuánto tiempo había pasado allí, ni cuánto hacía que mis ojos lloraban, pero la sensación de tranquilidad que me había invadido cuando me acurruqué sobre aquel colchón había desaparecido, ahora estaba intranquilo y ofendido.

Miré con nuevos ojos a mi alrededor y me parecía estar contemplando el cuerpo frágil y marchito de don Carmelo llamándome en sus delirios, clamando por ayuda. Exigiendo justicia.

Me incorporé sobre el colchón desnudo y las olas de llanto arribaban a mis ojos como una tormenta marina al recordar a Carmen. Cómo pudo ser que jamás me enteré. Cómo pude ser tan ciego y no comprender su interés en entrar y salir por la puerta del solar, su enorme fijación con el árbol de eucalipto y su constante negativa a consumir alimentos en la cocina.

Su bello rostro marcado por una palidez singular y la frialdad de sus manos, nunca me revelaron nada especial y ahora estaba yo allí, en medio de aquel sótano de muerte, llorando por aquella mujer que me pidió justicia desde siempre.

Mi cabeza giraba sin lograr organizar mis pensamientos. Tal vez todo había sido un simple sueño y todo tenía una explicación racional. Pero cuando estaba por concluir que todo era producto de mi imaginación, mis ojos se posaban sobre aquella corbata y mi cuerpo temblaba de rabia. Si lo que vi había sido verdad, ¿cómo pudo cometer esa barbarie mi patrón con su hermano y su sobrina?, ¿no son acaso los hermanos los que protegen y respetan a su propia sangre? Así me lo pareció siempre, aunque jamás tuve hermanos.

Jugueteé con la corbata de seda entre mis dedos y decidí aprovechar los días que aún restaban para el regreso de mi patrón a fin de continuar buscando la verdad. Ahora, todo lo que necesitaba para saber si yo estaba trabajando para un monstruo inescrupuloso o si todo había sido producto de malos entendidos de familia, eran pruebas.

Hasta el momento, lo único que se acercaba a una prueba era la corbata que reposaba en mis manos, pero debía buscar más y, al pensar en Carmen, decidí continuar hasta las últimas consecuencias. Pero, por supuesto, si todo aquello había sido cierto, no podría dejarme ver por mi patrón nunca más, porque en ese caso hipotético ahora sería mi vida la que correría peligro.

Pesadamente, subí las escaleras y deposité mi atención en el cofre incrustado en la pared de la habitación de mi patrón. Aquel delicado sagrario de plata, lo abrí sin complicaciones, para poder ver, con asombro, a sus dos únicos inquilinos: un reloj de cadena y una gargantilla de plata en forma de media luna.

Salí corriendo de aquella habitación, repitiéndome que para qué necesitaba más pruebas pero, al llegar a la cocina, el recuerdo de Carmen me invadió y comprendí que esos elementos no eran motivo de incriminación en contra de mi patrón.

Abrí la puerta del solar dispuesto a cavar junto al árbol de eucalipto, solo bastaría buscar los cuerpos que había visto en los sueños y con eso quedarían resueltos mis interrogantes.

Cuando estaba buscando alguna herramienta que me sirviera para cavar, las ramas del árbol se mecieron con el viento y una pregunta asaltó mi mente. Si ya don Eliseo había comprado la justicia con el poder de su dinero, ¿quién me aseguraba que no podría hacerlo de nuevo? El temor de ir a dar con mis huesos a una cárcel, incriminado por mi propio patrón, me heló la sangre. Lo que debía hacer era buscar que se hiciera justicia.

Entré de nuevo a la casa y me senté en una de las sillas de la cocina que tantas veces había ocupado Carmen y la llamé en silencio. Ella no llegó. La puerta del viejo solar no se abrió. Me sentí solo. Solo y con mucho miedo. Aquella noche no logré conciliar el sueño. Esperé sentado en la cocina a ver si aparecían mis padres o Carmen o, por lo menos, la voz de don Carmelo. Pero nadie acudió a socorrer mis lamentos.

Cuando despuntaba el alba me entró un sopor que no podría definir como sueño, porque recuerdo exactamente los rayos del sol filtrándose entre los helechos del patio y bañando, así, el pasillo. En ese estado de somnolencia sentí el dolor y la impotencia de don Carmelo. Pude apreciar el sufrimiento producido por la cadena en su pierna derecha y su cadera izquierda deformándose paulatinamente. Vi sus articulaciones artríticas ramificándose, con el dolor que solo se siente ante lo inevitable. Pude ver la espalda de Carmen lacerada por la cobardía de un puñal, sus sueños truncados, su juventud robada, su futuro violado, tajado, por la macabra y codiciosa sonrisa de su tío. En ese instante comprendí que tenía dos opciones: quedarme cruzado de brazos y hacerme de cuenta que allí no había ocurrido nada o buscar que don Eliseo tomara conciencia de sus actos y pagara las consecuencias de sus acciones.

Había llegado el momento de desenmascarar a mi patrón, pero debería hacerlo con astucia para que no quedara ningún cabo atado en aquella maraña de intrigas que había erigido don Eliseo. Quizás, con un poco de suerte, pudiera ser yo el heredero de todo aquello que los dos hermano habían hurtado y, si de paso me convertía en un ladrón más, por lo menos estaría ayudando a la memoria de aquellos muertos que confiaron en mí.

Me fui de la cocina dispuesto a buscar más pruebas que me permitieran tranquilizar mi conciencia. Había escuchado en alguna radionovela, de esas vespertinas que tanto le gustaban a mi padre, que no existía el crimen perfecto, así que don Eliseo tuvo que haber dejado otra pista en algún lugar.

Me dirigí a la prendería esa mañana, procurando serenar mi

nerviosismo. Aproveché que don Mario había salido a una reunión y no regresaría hasta horas de la tarde. Esa fue mi oportunidad para entrar una vez más a la bóveda de La Exacta y como no sabía qué buscar, cualquier cosa podría ser de utilidad. Pero, ¿por dónde empezar?

Le había pedido a Yolanda que me avisara si llegaba el patrón, que yo estaba allí porque debía hacer un inventario para don Eliseo, me sonrió sin prestarle importancia a mis palabras y continuó quitando el polvo de algunos instrumentos musicales. Una vez dentro de la bóveda me quedé con la mente en blanco. No tenía idea de qué estaba buscando, así que decidí pasearme, sin una idea fija en la mente, en medio de las gavetas y estanterías de aquel gigantesco mausoleo de hierro. Posé mis ojos distraídos en los archivadores y en las pequeñas cajas de seguridad, que ahora solo servían para guardar objetos o documentos, pero sin ningún sistema de seguridad extra, puesto que una vez que se entraba a la bóveda todo estaba disponible para quien deseara revisar o buscar algo. Lo complejo era acceder a la bóveda y yo lo hacía con las llaves, las claves y el permiso de mis patrones. ¿Qué más podía pedir?

Todo a mi alrededor eran recuerdos de alguien, de algo o de un tiempo clavado en el olvido. Pero todos aquellos artículos allí depositados daban fe de alguna boda, un cumpleaños, un logro, un detalle o un fracaso. Eran historias inconclusas, recuerdos solitarios en espera del regreso de sus dueños colocados allí para que algún día pudieran ser recuperados o irremediablemente perdidos.

Había aprendido por boca de don Mario que en aquella bóveda se archivaba todo por orden cronológico, así que empecé a buscar en las gavetas que estaban rigurosamente catalogadas por años. En aquellos archivos solo había facturas de artículos adquiridos y fotocopias de propiedades. Había tantos, que no tenía la más remota idea por dónde iniciar la búsqueda.

Por lo general, las personas detienen en el tiempo la muerte de un ser querido de acuerdo con la fecha de su fallecimiento. Así que me aventuré a dejar de lado los archivos y buscar específicamente todo lo relacionado con el año de la muerte de don Carmelo.

Sobre el archivador, donde rezaba la etiqueta descolorida "Mil novecientos setenta y ocho", había una porcelana de color blanco, era una impresionante garza que, tal vez, en algún momento de su historia, adornó una sala o una oficina. ¿Cómo saberlo?, si tanto aquel animal de porcelana, como los miles de artesanías o artículos sin nombre estaban inmersos en una bóveda sin tiempo. Allí reposaban cientos de artículos de valor que nadie había recuperado y que, por tanto, eran legal propiedad de los hermanos que en ese momento investigaba.

Abrí sin dificultad la pesada gaveta metálica y pude observar una fina película de polvo que me corroboraba que aquellos archivos no habían sido tocados en mucho tiempo. Hurgué en todos los papeles y no vi nada que me llamara la atención ni que me indicara algo sobre la supuesta herencia o la desaparición de don Carmelo. Solo unos cientos de amarillentas hojas daban fe de alguna transacción realizada o un artículo depositado en prenda, incluso, encontré un par de anillos que de inmediato imaginé que no serían de valor, ya que, de lo contrario, no estarían allí.

Removí cuidadosamente cada hoja con la esperanza de encontrar lo que no sabía que buscaba. Estaba sudado y eso no sería un buen síntoma si llegaba a aparecerse por allí don Mario pero, para mi tranquilidad, no llegó nadie.

Pasé de aquel archivador a otros y muchas veces me vi en aprietos para entender la caligrafía de las curtidas hojas. Podía sentir la respiración de tiempos idos frente a mis ojos, historias perdidas, sin horizonte, sin futuro, solo estancadas en un sanguinolento pozo del color de aquellos papeles demacrados y tristes.

Me paré en la mitad de la sala blindada y empecé a girar en redondo para ver si mis ojos veían algo que se saliera de lo convencional en un lugar como aquel pero, por lo visto, mis dotes de investigador privado distaban mucho de ser las más aptas.

Luego de varias horas de infructuosa búsqueda, me dispuse a abandonar la bóveda. Ya estaba colocando los primeros cerrojos, cuando el aroma del café que estaba preparando Yolanda vino hasta mí, como brisa matutina, trayendo consigo las palabras de Carmen que meses atrás había escuchado: "Recuerda que mi padre murió en el año mil novecientos setenta y ocho, pero desapareció dos años antes". Deshice mis pasos hasta el interior de la bóveda, y en esta ocasión fui directamente a buscar el archivador que tenía el rótulo de mil novecientos setenta y seis.

Bajo un par de ajadas carpetas, en el fondo del cajón metálico, estaba un amarillento sobre sin ningún membrete ni clasificación, se trataba de una fórmula médica para dolores musculares y calmantes. Estaba unida por un oxidado gancho metálico a un recibo de compra donde se podía apreciar que habían comprado diez cajas de un fuerte calmante muscular, suficientes para dormir a un elefante en dos minutos. Lo supe de inmediato, ya que era la misma medicina que le recetaban a mi madre, a quien le hacían la fuerte advertencia de que no tomara más de media pastilla por día. Pero esa medicina solo se adquiría bajo prescripción médica en inyecciones.

Los papeles estaban arrugados y amarillentos, pero legibles, eso había sido el veintiocho de julio del año mil novecientos setenta y seis. En el lugar donde debería ir el nombre del médico que recetó la medicina, el espacio estaba cubierto con un líquido blanco.

Empecé a sudar y no pude contener las lágrimas. Mi madre tenía razón, Carmen estaba en lo cierto, la voz susurrante de don Carmelo me había enseñado la verdad. Ahora tenía la certeza de saber cómo encajaban aquellas pruebas de la compra de calmantes en la desaparición de don Carmelo.

No lo había soñado. Lo que había presenciado era la verdad a través del tiempo y allí había dejado don Eliseo una pequeña muestra de su crimen. Ya estaba seguro de que mi patrón no era el gran comerciante que me había dado la oportunidad de trabajar para escaparme de las golpizas que me daban en casa, sino un asesino que se había burlado de mí, riéndose en mis narices, por no haber sido yo el cúmulo de virtudes e inteligencia que había vaticinado su moribundo hermano Carmelo. Y para colmo, lo veía como un ser enfermo que había dejado huellas de sus crímenes por todos lados, quién sabe si con la intención de ser capturado o la de burlarse de todo el mundo para pavonearse por la ciudad, como si fuera un flamante caballero, mientras sus manos y sus recuerdos destilaban sangre, sin que ninguno de nosotros nos percatáramos de ello.

Le saqué un par de fotocopias a aquellos papeles y deposité con cuidado los documentos en la carpeta correspondiente y, antes de darme la vuelta para salir de allí, mi corazón por poco salta sobre el archivador al escuchar la voz de Yolanda que me ofrecía una taza de café. Sonreí con disimulo, pero mi nerviosismo era evidente. Por fortuna, ella no hizo preguntas y, así, no tuve necesidad de mentirle.

Antes de irme, coloqué una de las fotocopias en un sobre sellado y le pedí a Yolanda que se lo entregara a don Mario.

Llegué muy alterado a casa y me fui derecho hasta el solar, tomé un par de herramientas y empecé a cavar justo en el mismo lugar donde había visto que don Eliseo sepultaba al perro y a su hermano.

Una duda me asaltó al pensar que en todo ese tiempo don Eliseo pudo haber movido los cuerpos del sitio original pero, por lo visto, mi patrón estaba demasiado seguro de sí mismo o muy necesitado de ser descubierto, porque no tuve que cavar muy profundo para encontrar unos fragmentos de costal que se partían a jirones con solo moverlos con la pala. El tiempo y la humedad habían hecho su trabajo sobre el costal en que había visto sepultado al perro.

Cuando me disponía a seguir cavando, me sobresalté, al escuchar a Carmen. Su rostro se mostraba sereno y con una sonrisa me saludaba desde las escalas del solar.

Detuve mi trabajo con la pala y me apoyé en el tronco del eucalipto. La contemplé como si fuera la primera vez que la veía y un par de lágrimas asomaron a mi rostro. Ella me miró con dulzura y me dijo:

—Siento mucho no habértelo dicho antes —su voz sonaba nítida, con un claro tono de disculpa.

Me quedé en silencio, contemplando su bella cabellera azabache que, juguetonamente, bailaba al compás del viento. ¿Cómo recriminarle nada si lo que sentía era un terrible pesar por lo que ahora sabía que había sido una realidad?

—No debes disculparte. Soy yo quien lamenta lo ocurrido y me disculpo por no haber llegado antes a entender cosas obvias —subrayé, sin saber si sentarme a su lado, como lo hacíamos antes, o seguir observándola desde la distancia que nos separaba, en todos los sentidos de la palabra.

—Lo has hecho muy bien. Eres muy valiente y estamos muy contentos por tu actuación hasta ahora —me dijo, al tiempo que hacía espacio en las escalas y me invitaba a sentarme a su lado. Enseguida, me preguntó—: ¿Crees que es necesario que continúes cavando?

Arrojé la pala aliviado y esta produjo un fuerte crujido, al chocar contra el pico metálico que había junto al árbol. Me acerqué a ella y le agradecí que tomara mis manos con dulzura.

—No, no veo la necesidad de seguir abriendo esa fosa, suficientes heridas debe contener y no veo motivo para despertar más sangre —sostuve, con un tono tan lúgubre que hasta me pareció que estaba profiriendo un discurso de despedida ante su féretro.

Ella me sonrió con ternura y los hoyuelos de su rostro resplandecían como una diosa del Olimpo, mientras añadía:

—Ha pasado mucho tiempo. Lo que verás allá abajo no debe ser muy halagüeño a la vista. Recuerda que las mujeres tenemos nuestra vanidad. No me gustaría que me vieras en ese estado, mejor recuérdame así como me conociste.

—En pocas palabras, no deseas que te vea mal vestida —le sugerí, procurando que mi humor negro no la incomodara.

Carmen se quedó unos segundos valorando mis palabras y, al final, estalló en una carcajada que relajó aquel momento de tensión que estábamos atravesando. Y en pocos segundos, lo que parecía un mal chiste, disminuyó el dolor de nuestras palabras, estábamos felices por tener tiempo y energías como para reírnos de nuestros pesares y de nuestras risas era mudo testigo el eucalipto.

El viento jugaba con las ramas del viejo árbol y con el cabello de Carmen, como si un mismo director estuviera siguiendo los compases de una rítmica melodía. No pude reprimir un par de lágrimas al ver aquella mujer tan bella y recordar lo que le habían hecho.

Su mano fría acarició mis mejillas borrando con ellas mis lágrimas y me dijo:

—Ya no llores más. Sé que sufriste mucho con lo que observaste ayer y eso demuestra que tienes un alma muy noble, pero tú no tienes la culpa de nada. Sencillamente, fuiste el elegido por mi padre y con ello se marcó tu destino.

—¿Qué puedo hacer? —inquirí.

—Ahora eres tú quien debe elegir.

—No estoy acostumbrado a escoger, siempre me acostumbraron a seguir órdenes, pero no para tomar decisiones —le dije con toda la franqueza de mi corazón.

—Precisamente por eso te dije desde el principio que tú debías aprender, ¿recuerdas?

—Claro que lo recuerdo —contesté, reparando en la media luna que brillaba sobre su cuello de marfil.

—Aprendiste a dialogar con tus padres y a perdonar sus errores basados en la ignorancia. Ahora ha llegado el momento de tomar tus propias decisiones —repuso Carmen con su angelical sonrisa.

Por un instante me vi apretando el cuello de mi patrón, asesinándolo sin misericordia o propinándole mil diversas formas de morir, tal como él lo había hecho con su familia. Pero de inmediato me sentí sucio y no quería de ninguna manera asemejarme a él.

Carmen pareció comprender mis temores y pensamientos, porque me acunó por un instante en su regazo y luego me dijo:

—Tomar tus propias decisiones implica permitir que los demás tomen las suyas propias.

—¿O sea, que debo darle una opción a don Eliseo, aun después de lo que hizo?

—Ya tú respondiste a esa pregunta, sabes que mi tío

encontró la manera de evadir la justicia, tal vez seas tú quien deba proporcionarle los medios para que él purgue sus delitos —aseveró Carmen.

Me quedé pensando en sus palabras y un rayo de luz iluminó la gargantilla de media luna anudada a su cuello, la observé mientras Carmen decía:

—Recuerda también que te prometí esta cadena y muchas cosas más.

—Te refieres a los bienes de don Eliseo.

—Sabes que esos bienes no son de mi tío —argumentó Carmen.

—Pero también está don Mario —repuse yo, tratando de colocarle algún orden legal a esa situación.

—El silencio también es una forma de delinquir. Mi tío Mario se quedó callado, aun sabiendo que algunas cosas eran demasiado extrañas. Con su silencio también nos quitó la vida a mi padre y a mí, quien ve el delito y se lo calla, contribuye y colabora con la maldad hecha —explicó Carmen, zanjando así el asunto.

Se despidió lanzando un beso al aire que sentí aterrizar en mi mejilla y la observé mientras se perdía en el vacío de aquella noche estrellada.

Aún tenía un par de días hasta el regreso de don Eliseo, así que decidí insuflar un poco de miedo en la consabida cobarde conciencia de su hermano Mario.

Lo llamé por teléfono y le dije todo lo que sabía. Comencé la conversación desde la misma frase que él mismo me había dicho tantas veces. Le expuse que era consciente de que me habían advertido no preguntar nada y resignarme a no remover las aguas del pasado, pero que tenía información confidencial donde se demostraba que tanto él como su hermano Eliseo habían tenido que ver con las desapariciones de don Carmelo y Carmen. Tal como me lo había imaginado, don Mario empezó a lanzar improperios, diciéndome que cómo me atrevía, que yo no sabía nada y que él no había hecho nada.

Le pedí que conservara la compostura, a sabiendas de que

era yo quien estaba a punto de perderla, que abriera y leyera con detenimiento el contenido del sobre que le había dejado con su secretaria. Esperé unos segundos en la línea mientras escuchaba al otro lado el ruido del papel arrugándose en sus manos, mientras lo leía. Aproveché su mutismo para continuar. Le dije que los seres humanos no se evaporan en el aire y que las desapariciones de su hermano y sobrina tenían una motivación económica en la que obviamente él había tomado partido.

Don Mario se quedó por primera vez mudo en la línea telefónica y permitió que le contara más sobre lo que sabía. Por supuesto, no le conté mis fuentes ni nada sobre el sueño o visión, pero le manifesté que sabía a ciencia cierta que ellos se habían apropiado indebidamente de los bienes de su hermano Carmelo y que sería la policía quien se encargaría de ir a recoger a don Eliseo al aeropuerto.

La sola mención de la policía bastó para que don Mario cambiara de estrategia y me intentara comprar, tal como lo habían hecho con él. Le respondí que no me interesaba entrar en aquel círculo vicioso de los silencios y que solo le estaba advirtiendo para que fuera él quien valorara mis palabras y decidiera después una vía de acción.

Vaya si tomó don Mario una vía de acción. Al día siguiente, me enteré por boca de Yolanda que desde la tarde anterior se había llevado todo el dinero en efectivo, joyas y documentos de las propiedades que estaban exclusivamente a su nombre. Luego le dio un abrazo a su secretaria y se marchó para siempre de la ciudad llevándose a cuestas su silencio y su condena.

Respiré aliviado cuando me enteré de la intempestiva partida de don Mario, eso solo corroboraba su delito y su temor a ser implicado en ese caso. Me recordó algo que había escuchado cuando niño y era que las ratas son las primeras en abandonar los barcos a punto de zozobrar. Ahora debería enfrentarme a don Eliseo y no tenía la menor idea de cómo hacerlo.

La respuesta estuvo más cercana de lo que me imaginé. Esa noche soñé con la voz de don Carmelo.

—Gracias por tu ayuda, muchacho. Ahora démosle una dosis de su propia medicina a Eliseo y que él tome sus propias decisiones —le escuché decirme con tono paternal.

A la mañana siguiente una tibia brisa inundaba la casa, casi me daba la sensación de que todas las paredes, pasillos y plantas estaban contentas de saberse solas sin la presencia de don Eliseo. Me dirigí hasta las escalas del solar y, contemplando el gigantesco eucalipto, me senté a meditar.

Susurré el nombre de Carmen, pero no apareció. Tal parece que había llegado el momento de actuar por mi propia cuenta. Cavilé muchas horas sobre la forma en que debería vengar aquellas muertes. No puedo negar que era muy tentadora la idea de quedarme con los bienes de mi patrón si lo hacía desaparecer, más aún, sabiendo que tenía el antecedente de lo bien que le había ido a él. Pero, por muy llamativa que fuera esa opción, asesinarlo no estaba en mi lista de prioridades. ¿Pero, entonces, cómo hacer que mi patrón expiara sus culpas y se hiciera justicia?

La respuesta me la dio la brisa matutina. Por alguna razón había olvidado cerrar con las cadenas y los candados el pequeño cobertizo de donde había sacado días antes las herramientas. El viento empezó a azotar la puerta, que se abría y se cerraba con un chasquido metálico y gutural.

Me levanté de allí agradecido al viento por susurrarme la solución.

La respuesta estaba en la soledad del sótano.

Las horas previas a la llegada de don Eliseo fueron muy agitadas para mí. Fui hasta el sagrario de plata y saqué la gargantilla de media luna y el reloj de cadena que habían sido de don Carmelo. Bajé al sótano y los coloqué sobre el colchón del camastro junto con la corbata de seda y una fotocopia de la receta médica que encontré en los archivos de la prendería.

Al contemplar aquellos elementos delicadamente unidos, parecía que estaba organizando el escenario para una representación teatral. Solo me faltaban otras cosas para que la obra estuviera completa.

Subí por una máquina de escribir, varias resmas de papel, lapiceros, un abrigo de mi patrón, una jarra con agua y un vaso de cristal.

Ya tenía toda la utilería lista, ahora solo quedaba esperar la llegada del actor principal.

Sabía que don Eliseo llegaría al aeropuerto a eso de las cuatro de la tarde. Llamé al conductor que tenía instrucciones de pasar por mí para que recogiéramos a mi patrón y cancelé la cita. Le dije que don Eliseo había postergado su viaje, así que no era necesario que fuéramos al aeropuerto.

Don Eliseo siempre era una persona muy metódica y organizada. Lo desesperaba el incumplimiento. Era fanático de la puntualidad, parecía uno de esos soldaditos de plomo que religiosamente golpean las campanas de los viejos relojes suizos. Imaginé su consternación al ver que nadie lo esperaba en el aeropuerto. Su primera llamada sería para su hermano y, al no encontrarlo, me llamaría hecho una furia para gritarme mi incompetencia pero, al no dar con nuestro paradero, no le quedaría más camino que tomar un taxi y guardar su furia hasta que nos viera.

Abrí de par en par la puerta de la habitación de mi patrón y lo mismo hice con la puerta de roble que daba al sótano. Dejé las luces encendidas. Aquellas puertas, eterno secreto de don Eliseo, serían la carta de invitación para que él entrara allí y, si todo salía como yo lo había planeado, mi patrón no perdería el tiempo con recriminaciones, primero constataría el estado del subterráneo para luego, tal vez, asesinarme. Por supuesto que yo esperaba que esa parte del plan se modificara un poco.

Para las tres de la tarde ya todo estaba listo, así que corrí a esconderme en mi habitación con el oído alerta para cuando escuchara los cerrojos de la puerta principal. Por si las dudas y para no distraer a mi presa, cerré meticulosamente la puerta del solar, no fuera a ser que el sorprendido fuera yo.

Antes de las cuatro ya estaba bañado en sudor y me empecé a impacientar, pero por nada del mundo estaba dispuesto a abandonar mi escondite porque, como don Eliseo era mucho más corpulento que yo, su fuerza y resistencia física me infundían miedo y no quería verme obligado a enfrentarlo, más aún, que todavía sentía cierto respeto y agradecimiento por los años de servicio pasados a su lado.

A las cinco y cuarto mi corazón se paralizó, pero procuré controlar mis pulsaciones, porque sentí que bombeaba sangre con demasiado ruido y no quería atraer a mi patrón hasta mi guarida. Las cerraduras de la entrada principal empezaron a moverse y, segundos más tarde, la puerta se abrió. Enseguida se cerró, provocando un vacío en mi estómago semejante a un fuerte vértigo.

Escuché un golpe seco que de inmediato asocié con la maleta de mi patrón depositada sobre el piso. Aunque no lo vi, sabía a ciencia cierta que se trataba de él. Los pasos, los movimientos, la respiración y la presencia de las personas con quienes se convive por tanto tiempo se hacen inconfundibles.

Don Eliseo caminaba siempre con calma. Tenía una acompasada forma de caminar que lo asemejaba a un patriarca octogenario, de esos que había visto las pocas veces que fui al cine. Por más grande que fuera su prisa, jamás se descomponía su andar. Eran sus pasos siempre rítmicos y ceremoniosos. Y así lo escuché dirigirse hasta el corredor principal donde su caminata se detuvo por un instante. Escuché su respiración acelerada y que al final exhaló un suspiro, como cuando los padres dicen a los hijos que no tomen el tarro de las galletas de la alacena y al regresar del trabajo ven justamente el tarro vacío sobre la mesa.

Mi corazón se detuvo al no escuchar sus pasos. Debía estar justo frente a la puerta de su habitación y no se decidía a entrar.

Finalmente, y tras una pausa de eternos segundos, el suave murmullo de su caminar se dirigió al interior de la habitación. Lo escuché suspirar una vez más, pero esa vez se trató de una prolongada y extensa espiración, casi un lamento. No detecté rabia en sus sonidos, más bien me pareció percibir resignación o tristeza.

El eco de sus pasos me indicó que se estaban perdiendo en

las entrañas de la casa, al bajar los escalones del sótano. Tras una pausa, contuve el aliento y salí corriendo de mi habitación. La otra fase de mi plan debía ponerse en funcionamiento.

Me hubiera gustado ver la expresión de mi patrón al sentir el sonido de la puerta de roble cerrándose tras su espalda. Sepultado en vida como años atrás lo hiciera él con su hermano. Pero solo podría hacer conjeturas, porque no lo vi. No sé de qué color se puso su rostro ni cómo lucía al sentirse allí solo y secuestrado en su propia casa, víctima de su propio invento.

Solo sé que me bastó un par de segundos para correr desde mi escondite hasta la puerta del sótano y cerrarla, sujetándola con sus siete aldabas y sus dos candados. Luego me recosté sobre las viejas tablas de roble y esperé.

No escuché nada. No hubo ruido, ni improperios, ni pasos subiendo las escaleras, ni maldiciones, ni súplicas, ni sobornos y, menos, amenazas. Todo fue silencio. Un silencio denso, que coaguló mis palpitaciones.

Me había imaginado mil formas distintas de agresión verbal de parte de mi patrón para que le abriera la puerta, liberándolo en el acto. Pero, para mi total admiración, no sucedió nada de aquello.

Don Eliseo no reaccionó. No corrió ni me maldijo. Me pareció que algo se había activado en él dejándolo suspendido entre la sorpresa y el arrepentimiento.

Si en algún instante dudé sobre las malas intenciones de mi patrón o si había tenido dudas de la realidad de lo que me habían mostrado las visiones, en ese momento se disolvieron las brumas de la duda para dar paso a un valle de claridad. El silencio de don Eliseo no era más que la ratificación de su culpa o la aceptación de sus errores.

Mi patrón, con su fama de caballero medieval y misterioso proceder, me confirmó, con su total ausencia de acción, que deseaba ser tratado como el caballero que él creía que era aunque se supiera un criminal, por tal motivo no cabía en su comportamiento el llanto, el pataleo o las súplicas. Estaba dispuesto a aceptar su derrota con orgullo.

Sentí mucha curiosidad y me pasó por la mente abrir la puerta, para dialogar con él. Quería saber qué sentía, por qué había acabado tan cobardemente con la vida y sueños de alguien tan bella e inocente como Carmen y cómo se sentía por haber dado un tratamiento tan inhumano a su hermano. Pero no me atreví. Me faltó el coraje para encararlo.

Decidí que la soledad sería su peor castigo.

Estuve parado allí varios minutos, que se me antojaron días y al no escuchar reacción del otro lado de la puerta, me fui para la cocina, preparé un café y me senté a contemplar el atardecer junto al eucalipto del solar.

Mi plan era muy sencillo y, por simple, me parecía imposible de llevar a cabo. Una vez que tuviera a don Eliseo en el lugar que él mismo había tenido a su hermano, le proporcionaría los medios para redactar una confesión y, con dicho documento en la mano, sería más fácil dar parte a las autoridades competentes, si es que lograba encontrar alguna.

La pregunta que rondaba en mi cerebro era cuánto tiempo debía esperar para bajar y hablar con don Eliseo, solicitarle una confesión y entregarlo a la policía.

Mucho pensé en cuál era el tiempo adecuado para dejarlo encerrado en aquel sótano, con solo una jarra con agua como alimento. No quería exponerme a que pasara mucho tiempo allí encerrado y muriera de hambre. Yo no era un ser sin escrúpulos como había demostrado ser él en el pasado.

Al cavilar sobre el tiempo, pensé que podría prolongar su encierro a algo simbólico. Si don Eliseo había tenido preso a su hermano por más de dos años, quizás, yo podría hacer algo equivalente. Dos años estaba descartado. Dos meses sin alimentos, se me antojaba demasiado para la edad de mi patrón. Igual se me podría morir allá abajo en dos semanas. Así que me quedaban dos días o dos horas. Claro que de plano descarté esa última opción, porque en dos horas mi patrón estaría furioso y aún con energía suficiente como para darme un buen puntapié o algo peor.

Dos días sería el tiempo simbólico que esperaría para bajar

al sótano y dialogar con mi patrón. ¿Y después?, bueno, me preocuparía del después cuando llegara. Fue muy sencillo evadir las preguntas de Yolanda acerca del paradero de mi patrón y de don Mario. Ella sabía que los dos se habían comportado de una forma muy misteriosa últimamente, así que no fue necesario entrar en detalles con ella ni con nadie. Eso me hizo reflexionar en el poder de la soledad. Qué triste era no tener a nadie que preguntara por ti. Qué pesado es el yugo de la soledad impuesto por la sociedad, pero que uno mismo provoca. Al saber que las horas transcurrían monótonas en aquella casa y que nadie absolutamente se preocupaba del paradero de mi patrón encerrado en el sótano, sentí lástima por la aislada vida que siempre lo caracterizó.

Aquellas cuarenta y ocho horas antes del plazo simbólico que le había colocado al encierro de mi patrón pasaron sin contratiempos.

Durante aquellos dos días, nunca escuché ruido en el sótano ni golpes en la puerta. Tampoco vi ni escuché a Carmen, a don Carmelo o a mis padres y empecé a echar de menos su presencia en aquella casa.

Me preparé para el extenso diálogo que debería sostener con mi patrón cuando bajara al sótano, así que dejé que las horas se me escurrieran pensando en todas las cosas que vi en aquel sueño, o aquella visión que se me había presentado como en una gran pantalla de cine.

A medida que pasaban las horas mi temor ante las posibles represalias de mi patrón desaparecían. Yo estaba convencido de que no tenía escapatoria. Los elementos dejados sobre la cama del sótano serían suficientes para que él entendiera que yo había descubierto su pasado.

Me preguntaba cómo pensaría él que yo había obtenido esa información y pensaba en cómo me gustaría, llegado el momento, verle la cara al contarle que durante meses bebí aromáticos cafés con la mujer que él apuñaló por la espalda.

En algún momento de esas horas de espera sentí de golpe una

gran oleada con olor a eucalipto, una fuerte brisa que heló mi piel y que desapareció tan pronto como llegó.

Pasados los dos días que había programado, me dispuse a bajar al sótano. Tomé un martillo, fue lo único contundente que encontré a mano, para defenderme en caso de que mi patrón se pusiera violento e intentara atacarme.

Respiré profundo antes de entrar a su habitación y miré hacia el pasillo esperando encontrar ánimos con la presencia de mis padres o de Carmen, también me hubiera bastado con escuchar la suave voz de don Carmelo. Pero parecía que había llegado el momento de enfrentarme solo con mi destino.

Al descorrer los cerrojos de la puerta que conducía al sótano y liberar el roble de sus cadenas, observé la luz que se filtraba de las bombillas que yo mismo había dejado encendidas.

Me detuve con una mano en la puerta y la otra fuertemente aferrada al martillo que me serviría de escudo, pero nada sucedió, don Eliseo no habló ni escuché sus pasos. El tiempo parecía haberse detenido en aquellas escalas con olor a humedad y soledad.

Pronuncié varias veces el nombre de don Eliseo y solo me contestó el eco de mi voz, deformado, estrellándose contra los muros.

Bajé los primeros escalones uno a uno como quien teme que un animal feroz se despierte de su siesta y te conviertas en su cena, pero a cada paso que daba, más aferraba el martillo y más silencio se sentía.

Llegué hasta el descanso de las escalas y giré en dirección al sótano, tan asustado, que sentía mi pulso como una banda de música desafinada.

Continué llamando a mi patrón por su nombre, pero el silencio me respondía con su murmullo. Unos escalones más abajo tuve que sentarme para cubrir mis ojos, ya que no estaba preparado para contemplar aquello.

Don Eliseo pendía sin vida de una cadena.

Las lágrimas arribaron galopantes a mí. Solté el martillo y me sentí culpable. Libremente culpable.

Cuando logré serenarme, por la impresión provocada al ver su cuerpo silencioso, pude tomar conciencia de lo acontecido en aquel sótano.

Don Eliseo jamás tocó el agua. Había revuelto las resmas de papel y colocó cuidadosamente un par de folios sobre la cama. Su saco estaba pulcramente doblado sobre la mesa y se había quitado su corbata. La gargantilla y el reloj de plata estaban sobre la cama, pero en un lugar distinto del que yo los había colocado.

Aunque solo miré un par de segundos el cuerpo inerte de don Eliseo, pude comprobar que se había colocado la corbata de seda de su hermano Carmelo y se había ahorcado con la cadena que estaba colocada junto a la pata derecha de la cama.

Su rostro tenía una coloración verdosa y su expresión me pareció que transmitía una profunda tristeza. La cadena había sido colocada, con precisión, sobre una de las vigas del techo y todo allí se veía pulcramente organizado, como la aparente vida de mi patrón.

Salí de allí dejando el cuerpo de mi patrón preso del frío aterrador de la muerte y, peor aún, de la soledad.

Cuando subí pesadamente a respirar a la habitación de don Eliseo, escuché voces provenientes del patio. Me dirigí hasta allí y observé a mis padres tomados de la mano que me lanzaban un beso desde el aire. Los miré con ternura y sin reproches. Fue una penetrante mirada que me lavó el alma, sus sonrisas francas y su expresión de orgullo hacia mí, me reconfortaron.

—Gracias, gracias por todo —les dije, con el corazón en la mano y agregué—: Los quiero mucho.

Ellos me siguieron mirando y, aunque no hablaron, yo les escuché el alma. Me transmitieron una gran paz y su amor hacia mí, luego levantaron sus manos despidiéndose, mientras se esfumaban entre las plantas y las orquídeas.

Tenía la certeza de que aquella sería la última vez que los vería. Con un poco de suerte los sentiría, pero algo me taladraba el alma por saberlos idos para siempre.

Me quedé solo, tratando de digerir ese terrible sabor de congoja por haberles dicho demasiado tarde que los quería. Una terrible sensación de vacío se apoderó de mí al saber que ahora sí los había perdido para siempre.

Salí a tomar un poco de aire fresco al solar y el eucalipto parecía satisfecho, sus ramas estaban muy tranquilas y no bailaban locamente con el viento. Lo asemejé a un gigante, guardián de un tesoro escondido, consciente de la importancia de su labor de cubrir generosamente los cuerpos que tiene bajo sus entrañas.

Haber visto a don Eliseo sin vida me dejaba sin aliento y no sabía qué hacer en ese momento. Tantos meses estuve tras la pista de las actividades de mi patrón y procurando hacer justicia para Carmen, que ahora que había visto terminado mi trabajo, sentía un profundo vacío y ya no sabía dónde estaba la frontera entre el bien y el mal de mis acciones.

Me dejé caer en la primera escala que conducía al solar y pude apreciar el brillo juguetón de las estrellas. No supe cuánto tiempo me quedé allí, en un estado de postración y admiración hacia aquella bóveda celeste, pero en algún momento miré hacia mi derecha y contemplé a Carmen, quien me observaba con ternura aferrada a la mano de su padre.

Al ver a don Carmelo me puse de pie de inmediato y respondí a un cortés movimiento de cabeza, a modo de saludo, que él me dirigió. No encontraba qué decirles, así que opté por cerrar mi boca. Fue Carmen la que rompió el silencio:

—Gracias. Lo hiciste muy bien —aseveró.

—Ni siquiera estoy consciente de haber hecho nada. Yo no pretendía que don Eliseo se quitara la vida. No era esa mi intención —respondí, a modo de disculpa.

Don Carmelo se acercó un poco hacia mí, llevando con elegancia el brazo de su hija enlazado al suyo. Su mirada era transparente y paternal. Sus palabras me tranquilizaron y las tengo cinceladas en mi corazón hasta el día de hoy:

—Recuerda que solo ayudaste a Eliseo a tomar sus propias decisiones. Estamos muy agradecidos y orgullosos de ti. Aposté a tu nombre y mira todo lo que hemos logrado. Siempre pensé que llegarías lejos en tu vida y vaya si lo has demostrado.

Cuando don Carmelo terminó de hablar, empecé a llorar como un chiquillo que llevan a la estación del tren para ver por última vez al padre que jamás regresará. Curiosamente, mientras más lloraba, más tranquilo me sentía. Toda la tensión de los últimos meses empezó a disiparse como suave bruma.

Un tímido rayo del cielo, quizás de las estrellas, se posó en el cuello de Carmen haciendo brillar su gargantilla de media luna. La observé, al tiempo que me zambullía en aquel mar de su mirar con respetuosa contemplación.

Carmen miró a su padre, como solicitando autorización para algo, y don Carmelo le devolvió la sonrisa, asintiendo.

—Tal como te lo prometí esta media luna es ahora tuya, y muchas cosas más. Toma la que pertenecía a mi padre, esa está en el sótano, esta la podrás tomar cuando sea el momento —dijo Carmen, señalando el espacio de tierra bajo el eucalipto donde yo sabía que se encontraba su cuerpo.

Una mueca de tristeza asomó sobre la comisura de mis labios, pero Carmen me tranquilizó, diciendo:

—No estés triste, nos has liberado y has aprendido.

—Gracias —musité.

—A ti es quien debemos agradecer, muchacho. Siempre supe que el hijo de mi querida modista sería alguien de quien estaría orgulloso —acotó don Carmelo, con su voz elegante y entonada.

—Hasta siempre —agregó Carmen con una sonrisa.

Los observé despedirse con la mano al tiempo que giraban sobre sus pasos y se dirigían al viejo árbol, desvaneciéndose de mi vista, mas no de mi corazón.

Súbitamente, una suave brisa movió las ramas del eucalipto dormido, despertándolas, al compás de un ritmo desconocido. En el cielo, las estrellas iluminaban aquella noche, en la que me sentía libre por primera vez en mi vida, mientras una rama de eucalipto rozaba, con ternura, mi rostro.

EPÍLOGO

Y ahora, mientras contemplo su rostro a través de un cristal mortuorio, no siento remordimiento. Sé que las palabras de Carmen y don Carmelo fueron la verdad. Tal vez desde el mismo instante en que don Eliseo me contrató, estaba esperando que yo le ayudara a tomar la decisión que él mismo nunca se atrevió a tomar.

Las diligencias policiales fueron exhaustivas, pero todo se solucionó a la mayor brevedad y de forma muy satisfactoria para mí.

En la misma noche en que me despedí de Carmen y de su padre, llamé a la policía y reporté el hallazgo del cuerpo de mi patrón.

En el par de hojas que don Eliseo dejó sobre la cama del sótano, se encontraba una confesión firmada, donde se responsabilizaba por las muertes de su sobrina Carmen y su hermano Carmelo. Olvidó mencionar la del perro.

En dicho documento especificó el lugar exacto donde había sepultado los cuerpos y asumió toda la responsabilidad por los hechos.

Curiosamente, en la confesión omitió que había obligado a su hermano a que le dejara el testamento, de esa forma, no reveló que su dinero fuera producto de aquel secuestro, con lo que dejó sus bienes libres de ser decomisados por las autoridades. Y, de paso, exentos de cualquier investigación posterior.

Tal como lo había vaticinado Carmen, don Eliseo me dejó su fortuna. En la otra parte de los documentos firmados por mi patrón antes de quitarse la vida, me convertía en el heredero universal de todos sus bienes.

De esa forma, me sentí como en el cuento del sastrecillo valiente, donde un simple joven se ve convertido en príncipe por su valentía. Irónicamente, no era yo el sastre, sino el hijo de la costurera, quien al final se quedó con el dinero de su patrón.

Cuando exhumaron los cuerpos de Carmen y de don Carmelo no tuve problemas para que un joven oficial de la fiscalía me dejara quitar del cuello de un cráneo de larga cabellera, una bella cadena plateada, aunque me lanzó una mirada desconfiada cuando vio la misma cadena enlazada a mi garganta, que ahora llevo siempre conmigo.

Después del funeral iré a la casa de mi patrón, que ahora es mía, destaparé una de sus botellas de jerez y brindaré por los tres hermanos con la esperanza de que sean más unidos en la otra vida. Y claro, por supuesto, empezaré a empacar, ya que ese ruido de cadenas proveniente del sótano, no lo soporta nadie.

De la presente edición:
La danza del eucalipto,
por Elkin Echeverri
producida por la casa editorial CBH Books
(Massachusetts, Estados Unidos),
año 2018
Cualquier comentario sobre esta obra
o solicitud de permisos, puede escribir a:
Departamento de español
Cambridge BrickHouse, Inc.
855 Turnpike Street, Suite 237
North Andover, MA 01845
U.S.A.

www.ingramcontent.com/pod-product-compliance
Lightning Source LLC
LaVergne TN
LVHW021345080426
835508LV00020B/2108